Warorde

PETER ROS

WARORDE

ONTKETEN CREATIVITEIT EN INNOVATIE

business contact

Uitgeverij Business Contact
Omslagontwerp Adept Vormgeving
Foto auteur Ester Overmars
Typografie binnenwerk Perfect Service
Illustraties binnenwerk Adept Vormgeving
Drukkerij Bariet Ten Brink

MIX
Papier van verantwoorde herkomst
FSC® C004472

ISBN 978 90 470 1208 5
D/2019/0108/551
NUR 801

Uitgeverij Business Contact maakt deel uit van Uitgeverij Atlas Contact

www.businesscontact.nl
www.peter-ros.nl

'Vrijheid zonder discipline is chaos, discipline zonder vrijheid is tirannie, vrijheid met discipline geeft vrede.'

Opgetekend uit de mond van Steef van Woodstock, Bloemendaal, april 2018 (maar wordt aan meer mensen toegeschreven)

INHOUD

LEESWIJZER

Wat is dit voor een boek? Dat kun je volgens mij het best zelf bepalen als je het eenmaal gelezen hebt. Ik heb het in elk geval geschreven als een management-, maar ook als een zelfontwikkelingsboek. Ik geloof namelijk sterk dat alle verandering, of liever gezegd: ontwikkeling, begint bij de persoon zelf. Een transformatie in een organisatie initiëren zonder dat mensen in hun kern voelen waarom dat een goed idee is, is in mijn ogen gedoemd te mislukken of gaat op zijn minst met veel onnodige schade gepaard. Een innovatie plannen zonder de bereidheid te hebben fouten te maken of te accepteren van anderen, zal wellicht een incrementele verbetering tot gevolg hebben, maar zeer waarschijnlijk geen doorbraak. Daarom denk ik dat we de ontwikkelingen die een team, een organisatie of de maatschappij nodig heeft niet los kunnen en mogen zien van de ontwikkeling van ieder individu.

Om erachter te komen hoe je die ontwikkeling vorm kunt geven, heb ik geprobeerd een aantal universele lessen van het leven en van samenwerken te vatten in bouwstenen voor ontwikkeling. Uiteraard is het onmogelijk om een volledig beeld te krijgen; alle content in de wereld tot je nemen en analyseren is simpelweg niet te doen. Wel vroeg ik me af of er patronen te herkennen zijn als het gaat om de balans tussen orde en chaos, regels en vrijheid, discipline en loslaten. Tegelijk wilde ik niet in de val van de specialisatie trappen. Er is overal zoveel over gepubliceerd en achter elk bergje informatie zit een diep konijnenhol met meer informatie. Serendipiteit heeft al zo vaak mooie uitkomsten gebracht dat ik 'toeval' graag een kans geef. Daarom ben ik volgens de alchemistische methode te rade gegaan bij zeer uiteenlopende bronnen. Ik liet me inspireren door management- en persoonlijke-ontwikkelingsboeken, documentaires, wetenschap, persoonlijke-ontwikkelprogramma's, verhalen van ondernemers en onderzoekers en vragen die ik tijdens mijn lezingen kreeg. Maar ik heb ook geprobeerd muziek, religie, kunst en spiritualiteit toe te laten. Ik reisde langs het comfort van schijnzekerheid via onzekerheid naar chaos en nieuwe kansen die daaruit voortvloeien. Vervolgens ging ik naar de vraag hoe je die kansen het best kunt herkennen en oogsten. Ik ontdekte dat er een alternatief is voor de constructen die ons beperken in onze bewegingsruimte (en dus onze ontwikkeling). Door bewust een beetje chaos toe te laten en met behulp van zaken als intuïtie, vertrouwen, lef, rust, ruimte, verwondering en liefde creëer je een speelveld waarin personen, organisaties en maatschappij de ingrediënten weten te ontdekken voor hun specifieke succesvolle ontwikkeling, verandering, (radicale) innovatie of disruptie. Wat het ook is waar je behoefte aan hebt, ik hoop dat je vanbinnen een speelse creatieve kracht weet aan te boren. Want dat is in mijn ogen exact de kracht die we nodig hebben om al het spannende onbekende met zijn opwindende kansen tegemoet te kunnen treden.

In *Warorde* neem ik je mee langs de inzichten die ervoor zorgen dat je dit speelveld en de onderliggende mechanismen beter begrijpt. Vervolgens geef ik je door middel van een 'warordemodel' handvatten waarmee je speelruimte vrijmaakt om creativiteit en innovatie te ontketenen. Achter in het boek heb ik geprobeerd recht te doen aan alle inspiratie en bronnen. Niet alleen omdat ik daaraan schatplichtig ben, maar ook omdat je dan weet waar je meer kunt lezen over de onderwerpen die je interesseren. Gebruik het boek zoals het je past. Lees het vanuit jouw interesse als persoon, ondernemer, bestuurder, CEO, manager of welke rol dan ook.

Is er een shortcut?
Ja, die is er! Als je net als ik ongeduldig en nieuwsgierig bent of gewoon liever meteen actie onderneemt, ga dan naar het hoofdstuk 'Verbeteren'. Je komt er vast achter (net als ik zelf al vaak heb gemerkt) dat de echte shortcut niet bestaat en dat geduld om de dingen zich te laten ontwikkelen vaak onontbeerlijk is. In dat geval heb je nog de rest van het boek om je onder te dompelen in de wereld van het spelenderwijs (her) ontdekken van creativiteit, veranderkracht en innovatie.

Is er een verlenging?
Ja, die is er ook. Mocht je behoefte hebben aan meer feiten die de urgentie van een andere manier van ontwikkelen onderbouwen, ga dan naar de bijlage: 'de snelheid waarmee de snelheid toeneemt'.

Je kunt natuurlijk altijd voor de warordelijke route gaan en zelf je volgorde bepalen.

Veel plezier!

Peter Ros

'One must not think slightingly of the paradoxical... for the paradox is the source of the thinker's passion, and the thinker without a paradox is like a lover without feeling: a paltry mediocrity.'
Søren Kierkegaard, Deens filosoof en theoloog, 1813-1855

1. HET BEGIN

Het begon allemaal zo leuk! Ik ben geboren boven de speelgoedwinkel van mijn ouders. Kind van een speelgoedwinkelier, stel je voor: leven tussen het speelgoed! Het leert je de wereld te bekijken als een grote speelgoedwinkel en dat heeft veel voordelen. Het leert je dat je altijd moet blijven spelen, dat de speeltjes steeds veranderen, en dat ze eigenlijk niet van jou zijn. Maar na het vrije spelen in de winkel kwam al snel het meewerken. Dat was geen onverdeeld genoegen, omdat mijn vader al wat ouder was en nogal autoritair. Opruimen, dozen uitpakken, schoonmaken en aanvullen van de voorraad: het was saai. Alles moest volgens het systeem dat mijn vader had bedacht, tot aan het stofzuigen toe. De zaak was in de loop der tijd uitgegroeid tot een heel grote speelgoedwinkel met meerdere verdiepingen en een enorm assortiment speelgoed, spellen en hobbyartikelen. Altijd was er wel iets op te ruimen of in te delen, of iets om op te letten – het hield nooit op.

Eén klusje vond ik echter geweldig. In het magazijn waren twee grote stellingen met kapot speelgoed. Het was er een grote chaos van spullen die waren teruggekomen waar we klanten wel garantie op gaven, maar die door de leverancier niet werden vergoed. De opdracht van mijn vader luidde: 'Probeer met twee of drie kapotte dingen weer één werkend stuk speelgoed te maken.' Er lag van alles: treintjes, poppen, boten, elektrische auto's, miniatuurstoommachines (als ik geluk had). Uitvogelen hoe dingen gemaakt waren en pielen en klooien met schroefjes, motortjes, poppenogen, elektriciteit, de soldeerbout en lijmklemmen vond ik heerlijk! Ik was supertrots als iets weer werkte, en vooral als ik een oplossing had bedacht waar mijn vader niet op was gekomen. Soms belandde een batterijhouder van een plaspop in de romp van een elektrisch aangedreven speelgoedboot en er zijn mensen die jarenlang plezier hebben gehad van een Märklin-locomotief met een motoronderdeel van een Fleischmann-locomotief (een doodzonde in modelbouwtreinenland). Ik was heel goed in het vinden van ongewone combinaties en creatieve oplossingen. Dat, maar misschien nog wel meer het feit dat ik een plek had waar ik ongestoord kon experimenteren en onder het regime van mijn vader uit kon komen, maakte het pielen en klooien magisch.

IK WAS ZO GOED OP SCHOOL DAT IK EERDER WEG MOCHT

Dit verhult uiteraard dat ik op school slecht te handhaven was en regelmatig beroerde cijfers haalde. Na veel stress, ruzie met mijn vader en twijfel aan mijn eigen verstand kwam ik erachter dat ik het systeem gewoon niet begreep, me er niet in thuis voelde en zo'n beetje alles wat op school gebeurde oninteressant vond. Een heel wijze les voor toekomstige projecten bleek later. Iedere keer als ik me in een situatie bevond waarin ik het systeem niet begreep, bleek ik beter iets anders te kunnen gaan doen. Het heeft lang geduurd voor ik ontdekte dat systemen waarbinnen ik niet functioneerde, vaak kunstmatig belangrijk, te hiërarchisch of onnodig complex waren. Gelukkig ben ik erachter gekomen dat leren op zichzelf geen probleem voor me was, maar dat ik een ander speelveld nodig had om me te kunnen ontwikkelen.

In mijn werk als troubleshooter, dat ik eind jaren tachtig enige tijd voor een grote retailketen heb gedaan, ondervond ik dat continue verandering bijzonder leerzaam kan zijn. Mijn werk bestond voornamelijk uit het bouwen van teams. Het ging er daarbij natuurlijk om zo snel mogelijk de resultaten op te krikken, maar het was ook zaak mezelf zo snel mogelijk weer overbodig te maken. Telkens als een team weer 'stond' en ik dacht dat het niet leuker of beter of meer verbonden kon, was het de volgende keer vaak toch weer toffer om een team te bouwen (en dat terwijl niemand in eerste instantie op een troubleshooter zit te wachten). Naarmate ik met meer verschillende teams samenwerkte, meende ik vaker een patroon van ontwikkeling te herkennen. Ik zoek er nu zelfs projecten en teamleden op uit: ik werk graag met mensen die wat hebben meegemaakt, nog steeds nieuwsgierig zijn, het allemaal niet precies 'weten', maar zich wel willen ontwikkelen. Het gaat allemaal om de intentie (om iets samen te doen) en de houding (om iets samen te leren) van de persoon. Zo ontdekte ik dat niet alleen míjn ontwikkeling geremd werd door starre en verouderde systemen, maar ook die van vele anderen, en dat mijn afwijkende manier van ontwikkelen voor meer mensen zijn vruchten afwierp.

TECHNOLOGIE, ONDERNEMEN EN DELEN

Na jaren vooral bezig geweest te zijn met leiderschap, groepsprocessen en commercie kreeg mijn werkende leven een heel andere wending. Ik maakte kennis met internet en zag de potentie en de belofte ervan. De verbinding van de drie-eenheid mens, informatie en machine zou alles veranderen. Hoewel ik door de perikelen met de winkel thuis had besloten nooit ondernemer te worden, richtte ik in 1998 mijn eerste internetbedrijfje op. De komst van sociale media versterkte mijn interesse in gedrag en interactie van de mens en mijn kennismaking met 'slimmer werken', 'life hacking' en 'digitale vaardigheden' en ik werd me bewust van het idioot grote potentieel om zaken slimmer, makkelijker, met minder moeite en met meer impact te kunnen doen. De technologie-explosie die het huidige tijdperk tekent, voelt voor mij als een speelgoedwinkel van wereldformaat. Waarbij het ene nieuwe speeltje ervoor zorgt dat een heleboel andere speeltjes weer nieuwe dingen kunnen! Een simpel voorbeeld: je smartphone verandert in een assistent door slimme algoritmen, of in een zaklamp door de toevoeging van een kleine krachtige ledflitser, of in een navigatiesysteem of in een kookboek of... *the sky is the limit.* Dit staat nu ook te gebeuren met auto's, gebouwen, stoelen, kleding enzovoort.

Ik prijs me gelukkig dat dit speelveld mijn wereld is, waarin ik kan onderzoeken, ontdekken, experimenteren, leren en delen. Het is mijn thuis, mijn werk en mijn passie geworden. Ik voel het als mijn missie om te onderzoeken hoe we als mensheid een stapje verder kunnen komen door technologie in het voordeel van zo veel mogelijk mensen te laten werken.

Maar waarom slaagt de ene mens of organisatie erin zich als een speer verder te ontwikkelen terwijl de andere stil lijkt te staan? In de twintig jaar dat ik in verschillende rollen en op verschillende niveaus organisaties, en mensen binnen organisaties, heb mogen adviseren, drong een bepaald patroon zich steeds meer aan me op. Ik zag dat veel (groepen) mensen vastzitten in hun ontwikkeling doordat ze vastgeklonken zijn aan rigide systemen en een rotsvast geloof hebben in de functie van totale (denkbeeldige) ordening. De ruimte om te bewegen wordt zo vanzelf steeds kleiner. Wat als we weer zouden leren spelen en onszelf en onze omgeving zouden loswrikken uit vastgeroeste processen, zichzelf versterkende aannames of vergeten bedoelingen, en daarmee de boel verder kunnen brengen? Laten we ons realiseren dat we 'nooit af' zijn, maar op zijn best 'in ontwikkeling'!

Een van de tofste projecten die ik, samen met Martijn Aslander en Jan-Henk Bouman, de afgelopen jaren heb opgezet, is Permanent Beta: een platform, community, ecosysteem, zwerm (kies zelf de meest aansprekende term) van inmiddels vijfduizend mensen die kennis delen en spelend leren op het snijvlak van kunst, cultuur en technologie om te ontdekken hoe we de samenleving ten positieve kunnen hacken.* Ikzelf noem het graag een 'kennisdeeltjesversneller'. (Lees meer hierover in hoofdstuk 4.) Hoewel de Permanent Beta-manier vaak ongestructureerd en rommelig lijkt en van toeval aan elkaar lijkt te hangen, ben ik steeds weer positief verrast over wat een groep nieuwsgierige, open-minded en zeer diverse mensen aan energie en originele oplossingen bij elkaar weet te brengen. Het is een continu bewijs dat spelend leren bijdraagt aan ontwikkeling en innovatie. Mij lijkt het geweldig als we iets vaker met lef en liefde de kansen in de veranderende wereld tegemoet kunnen treden – kansen die we ten positieve kunnen benutten als niet winst en groei (zoals nu) de belangrijkste drivers zijn, maar welzijn en bloei. Ik gun iedereen dat beetje

* Veel mensen zullen bij het woord 'hacken' denken aan computerhackers, maar hacken betekend ook een shortcut of een slimmere snellere manier vinden om iets te doen. Google maar eens op 'lifehacking' en ontdek de grote verzameling websites, Facebookpagina's en YouTubefilmpjes met tips & tricks die je leven makkelijker kunnen maken. Een stapje verder? Google dan 'biohacking' maar eens.

speelruimte in zijn leven om van zichzelf fouten te mogen maken, nieuwsgierig te zijn naar het onbekende en dus te erkennen dat er veel is wat je niet weet, en de liefde om daar met tevredenheid mee om te gaan. Ik heb er in elk geval veel aan. Hoe beter ik erin word, des te fijner mijn leven is.

DE MENS NEIGT NAAR ORDE

Dat klinkt allemaal leuk, maar als we kunnen kiezen tussen bekend of onontgonnen, veilig of spannend, overzichtelijk of rommelig, kiezen we meestal het bekende, veilige en gestructureerde. Logisch, want wie wil er nu een onveilig en onzeker bestaan? Al sinds het ontstaan van onze 'beschaving' zijn we bezig met het structureren en naar onze hand zetten van de wereld om ons heen. De mensheid heeft ongelofelijke prestaties geleverd in haar drang naar meer voedsel, onderdak, informatie en veiligheid. Tachtig procent van de wereldbevolking leeft nu gezonder en veiliger dan de gemiddelde mens in de Middeleeuwen. En velen van hen leven in grotere welvaart dan een landheer of koning uit die tijd zich überhaupt kon voorstellen. En dat terwijl we nu met ruim zeven miljard mensen zijn, tegen een schamele zevenhonderd miljoen in 1700! De afgelopen twintig jaar is het deel van de wereldbevolking dat in extreme armoede leeft zelfs gehalveerd.*

Tijdens onze reis naar meer orde (en mogelijkheden) zijn er echter ook een hoop zaken gesneuveld. Dieren en planten zijn qua soorten en aantallen fors afgenomen (behalve koeien, varkens en kippen), oceanen zijn vervuild, rijke culturen zijn

* Hans Rosling: 'Factfulness. Ten Reasons We're Wrong About The World – And Why Things Are Better Than You Think', 2018, http://bit.ly/warorde-200, http://bit.ly/warorde-vooruitgang; http://bit.ly/warorde-poverty.

uitgedoofd en talen, geschriften, volkeren en hun gebruiken zijn in aantal afgenomen.* En hoewel we het als mensheid over het algemeen beter hebben gekregen, groeit de kloof tussen arm en rijk.† De technologische ontwikkelingen hebben echter een enorme vlucht genomen en domineren het leven van een groot deel van de mensheid. Nu we aan de vooravond staan van een aantal potentieel nog veel impactvollere technologische ontwikkelingen, en onze afhankelijkheid van technologie absoluut is geworden, is de vraag hoe we ons in dit geweld staande kunnen houden. In potentie bieden de nieuwe exponentiële technologieën‡ fantastische mogelijkheden voor het opwekken van energie, het produceren van duurzaam voedsel en het voorkomen én genezen van verschrikkelijke ziektes. Tegelijk zouden deze technologieën onze aarde kunnen verlossen van de uitputting van de bronnen door de mens.

Terwijl de komst van nieuwe mogelijkheden om enorm veel verandering vraagt, lijkt de mensheid vooral bezig met het creëren van constructen waarbij verandering niet erg welkom is. Overheden, bedrijven, scholen, ziekenhuizen: overal gaat verandering moeizaam en stroperig. Waar veel verandert, ontstaan echter ontegenzeggelijk ook nieuwe kansen, die vragen om nieuwe combinaties, creativiteit en lef. Het punt dat onze drang naar orde ons naar een betere toekomst gaat brengen, lijkt voorbij. De regels van de orde verstikken fantasie en creativiteit.

* Yuval Noah Harari: *Sapiens. Een kleine geschiedenis van de mensheid*, 2017, p. 84.

† Thomas Piketty, *Capital in the 21st century*, 2013.

‡ Op https://peter-ros.nl/media/ houd ik een overzicht bij van technologische ontwikkelingen en hun mogelijke dynamieken. Let wel, dit is *work in progress*, ik verander regelmatig van indeling door nieuwe inzichten en bijkomende (of door mij nog niet eerder waargenomen) technologie.

In mijn beleving creëren we door de neiging naar orde een eigen werkelijkheid. De veiligheid (of het gevoel van veiligheid) die dit biedt beschermen we vervolgens door middel van regels. Een 'ingeregelde' omgeving geeft handelen op basis van vertrouwen minder ruimte. Dit beperkt op zijn beurt weer de ruimte om te bewegen. Onze intuïtie krijgt in een 'verregelde' omgeving geen training meer. Het herkennen van kansen en bedreigingen wordt moeilijker door het afstompen van de intuïtie.

TE VEEL ORDE, KAN DAT?

In het begin van de mensheid was er vooral chaos die gestructureerd moest worden. Meer regels brachten betere samenwerkingen en deze brachten op hun beurt weer een heel scala aan nieuwe mogelijkheden. In onze tijd van de grote technologische versnelling is er echter zoveel gestructureerd en zijn er zoveel regels en procedures dat we niet in staat lijken het enorme potentieel dat voor ons ligt te betreden. Het lijkt wel alsof we de uitkomst van het spel altijd willen kunnen voorspellen. Hoe leuk is een Tour de France die tot pure wetenschap en berekening is gereduceerd? Juist de onverwachte heroïsche aanvallen zorgen daar voor vertier. Hoe leuk is een voetbalwedstrijd die 'doodgefloten' wordt door het strikt handhaven van regels? Juist de uitersten die de spelers opzoeken, zorgen voor de meeste ophef en opwinding. In de Formule 1 zorgt chaos voor de spannendste grand prix, niet de strategie die feilloos wordt voorspeld en uitgevoerd.

Zijn wij onszelf zo serieus gaan nemen dat we de *homo ludens* in onszelf hebben begraven onder ratio en zogenaamde feiten? Laatst hoorde ik iemand zeggen dat we 'terminaal serieus' aan het worden zijn – alsof we het nieuwsgierige spelende kind in onszelf het zwijgen proberen op te leggen omdat we anders door anderen niet serieus genomen worden. In plaats daarvan gaan we verder met ordenen. Met ordenen kun je heel lang druk zijn; serieus als we onze taak nemen, ordenen we onszelf tot de speelruimte verdwenen is. Dat kost tijd, tijd die je niet besteedt aan het ontginnen van nieuwe gebieden, het onbekende waar nieuwe kansen wachten. Orde verdringt chaos, terwijl chaos meer dan eens het begin bleek van iets nieuws, beters en vruchtbaarders. Daar zit het punt dat ik wil maken: wij mensen lijken orde en chaos uit balans te brengen. Net als yin en yang dienen orde en chaos in een bepaalde verhouding tot elkaar te staan. Ze zijn verschillend maar wel evenwaardig en houden elkaar in evenwicht. De spanning én de balans zorgen samen voor een voedingsbodem voor ontwikkeling. Net als de dag en de nacht kunnen orde en chaos niet zonder elkaar, ze zouden zelfs niet zonder de ander kunnen bestaan. Zonder chaos is er niets te ordenen en zonder orde rest slechts onbeheersbare chaos.

Op de vraag of het voor een fysicus/filosoof niet deprimerend moet zijn om vast te stellen dat alles naar chaos neigt, geeft master filosofie Herman Lodewyckx een in mijn ogen geweldig antwoord:* 'Natuurlijk zijn chaos en orde een zaak van perceptie: wat voor de een chaos lijkt, is voor de ander ordening. Alleen zien we dat laatste niet meteen. Wanneer de Griekse filosoof Heraclitus vaststelt: "*panta rhei*" (alles is beweging, zoals een stromende rivier), kun je dat als een chaos opvatten, maar ook als ordening: het blijft dezelfde rivier. Zie je het kolkende water, dan zie je schijnbaar chaos, zie je de rivier, dan zie je kosmos. Ook is het een kwestie van tijdsperspectief. Je kunt nooit de volledigheid zien: het heelal van het ontstaan tot het vergaan, van het microkosmische tot het macrokosmische... Van de fysicus leren we dat er natuurwetten zijn, maar ook dat die zich in andere omstandigheden anders gaan gedragen (zie de relativiteitstheorie van Einstein) of dat materie op nanoschaal zich anders gedraagt (zie de kwantumfysica, nanotechnologie). Is dat chaos of betekent dat gewoon dat we nog te weinig de natuurwetten kennen? Ook de gestaltpsychologie leert het ons: een macro-opname van een detail kan chaotisch lijken, tot we plots het geheel, de "gestalt" zien... Niks om depressief van te worden. Integendeel: intrigerend, boeiend. Tenzij voor mensen die schrik hebben van elke verandering of anders-zijn. Maar dat is nu eenmaal niet de werkelijkheid.'

CREËREN DOOR CHAOS

'Alles neigt naar chaos' is een veelgebruikt principe (vanuit de tweede wet van de thermodynamica ook wel 'entropie' genoemd). Een mooiere beschrijving die op mijn pad kwam, is deze: alle deeltjes in een systeem streven naar maximale vrij-

* http://bit.ly/warorde-Lodewyckx

heid. Zou dat de vrijheid zijn die nodig is om nieuwe dingen te creëren?

In het Oudgrieks betekent 'chaos' letterlijk 'leegte' – leegte die je kunt opvullen met iets nieuws, als een onbeschreven blad. Volgens de Griekse mythologie zijn uit het 'niets' (de leegte) de eerste goden ontstaan. En wij denken zelf, op gezag van de wetenschap, dat het ontstaan van de wereld het gevolg is geweest van een enorme chaos in het heelal.

Het verhaal van chaos als creërende kracht of in ieder geval als startpunt van iets beters is het onderwerp van talloze verhalen. Van de *Lion King* (een variant op *Hamlet*, dat weer losjes gebaseerd is op *Oedipus*) tot *Avatar* (*Dances with Wolves*, *Pocahontas*) en veel ertussenin, allerlei verhalen laten een orde zien die door chaos een nieuwe norm creëert. Door de eeuwen heen was de balans tussen orde en chaos onderwerp van menige overtuiging. Ze lijken beide nodig om een creërende kracht te laten ontstaan. Nu de kracht van de orde door de groei van informatie, regels, procedures, data en metingen in een groot deel van de wereld steeds sterker wordt, is het in mijn ogen tijd om de balans te herstellen. We hebben de creërende kracht van chaos (en serendipiteit, toeval, ongewone combinaties) nodig om de nieuwe mogelijkheden van het nog onbekende te kunnen benutten. Laten we zelf die balans herstellen, op allerlei niveaus. In ons eigen leven kan een flinke verwarring voor een doorbraak in onze ontwikkeling zorgen – daar heb ik zelf voldoende staaltjes van meegemaakt. Door allerlei ervaringen heb ik chaos leren omarmen en zelfs als de start van iets nieuws en puurs leren zien. Onder mijn zelfverzekerde houding, welbespraaktheid en (gelukkig meestal) heldere geest zit ook bij mij een mens vol tegenstrijdigheden, onzekerheden en twijfel over hoe het leven in elkaar zit en wat het juiste is om te doen. Bovendien heb ik vanaf mijn jongvolwassenheid met forse depressieve periodes moeten leren dealen. En hoewel ik de pijn, de onzekerheid en de angst liever niet had ervaren (en zeker mijn omgeving had willen besparen), kan ik die periodes nu zien als buitengewoon leerzaam en als hulpmiddel bij mijn 'wording'. En wat voor mij en voor jou geldt, kan ook in organisaties werken: een stevige ontwrichting kan voor ruimte voor verandering zorgen. En als we nog groter kijken, naar de aarde, dan kan de mensheid misschien beter zelf wat chaos injecteren. Want de georganiseerde manier waarmee we de aarde uitputten, zou er zomaar voor kunnen zorgen dat de aarde zelf de balans probeert te herstellen met een volgende grote ramp.

WARORDE

Paradoxaal genoeg hebben we het hier dus over georganiseerde chaos. Ik gebruik daarvoor liever de term 'warorde', omdat 'chaos' voor veel mensen een te negatieve connotatie heeft. Bovendien kun je met warorde ook iets anders aanduiden, namelijk de bestaande orde in de war brengen, om op die manier ruimte te scheppen voor nieuwe ontwikkeling.

Uiteraard gaat het me niet om de chaos zelf, maar om de kracht van creatie die dankzij (een beetje) chaos mogelijk wordt. Ik ben ervan overtuigd dat warorde de missing link is in onze huidige ontwikkelstrategie. Door warorde in te zetten creëren we weer ruimte om te spelen. Met dit boek probeer ik een kleine bijdrage te leveren aan de lange traditie van verhalen over orde en chaos die ik tegenkwam tijdens het schrijven. Het is geen mythologisch of spiritueel verhaal, maar een praktisch document dat aanzet tot het vrije en open gedrag dat bij spelen hoort. Ik geloof in de kracht van de mens die in verbinding staat met zijn omgeving en zijn innerlijke drang tot ontwikkeling, tot 'wording'. Zou het niet mooi zijn als we in alle onzekerheid en verandering die dit tijdperk in zich heeft, kunnen geloven in en vertrouwen op de onvoorstelbare kracht van de mens om zich aan te passen, samen te werken en te creeren? Dit boek gaat over dat moeilijke maar ook mooie proces van ontwrichting, het erkennen van een probleem, de worsteling om verder te komen en dan iets nieuws te creëren. Om vervolgens weer helemaal opnieuw te beginnen. Eigenlijk gaat het dus over ontwikkeling, over ruimte maken om te spelen en door spelen weer nieuwe dingen te leren. Die zoektocht (die nog lang niet afgelopen is) wil ik in dit boek beschrijven.

WAAROM SPELEN?

Spelen is de eerste en oudste manier van leren; je leert erdoor wat wel en niet werkt, wat wel of niet mag of kan, wat fijn is en vooral hoe er meer te leren valt. Omdat spelen een van de belangrijkste ontwikkelstrategieën is die we als mens in huis hebben. Je kijkt met nieuwsgierigheid en verwondering naar de wereld om je heen om spelenderwijs van elkaar en de mogelijkheden te leren, je probeert intuïtief nieuwe combinaties uit en hebt het vertrouwen dat dat gewoon mag en kan. Dit boek is niet zozeer een ode aan chaos, als wel een liefdesbetuiging aan lef, kwetsbaarheid, ondernemend gedrag, verbinding en vooral creativiteit – een ode aan het herontdekken van het spel, en hoe hier spelenderwijs mee om te gaan. Leer opnieuw spelen – en leer samen een eigen warordelijk creatiespel te maken, waarmee creativiteit en innovatiekracht ontketend kunnen worden!

Wat ik jou met dit boek hoop te bieden is een soort handleiding in spelen met warorde. Hoe dat precies voor jou kan werken, dat is jouw weg.

'All these changes taking place
I wish I'd seen the place
But no one's ever taken me.'
Pearl Jam, 'Elderly woman behind the counter in a small town', 1993

2.

VERANDERVERMOGEN

Je herkent de situatie vast wel. Je leven loopt eigenlijk wel op rolletjes, de gezondheid is in orde, je relatie is stabiel en oké, de kids doen het goed en je hebt een fijne (misschien wel uitdagende) baan. En dan ineens... BAM, iets of iemand doet niet mee in de orde. Een ziekte, een ongeluk een nare ervaring op school of een vervelende situatie op het werk. Zelfs een kleine rimpeling kan de zorgvuldig opgebouwde balans al verstoren. Niets nieuws onder de zon, dat gebeurt ons allemaal wel eens. Toch lijkt er in deze tijd iets anders aan de hand, een nieuwe kracht en vooral een ander tempo waarin de veranderingen zich aandienen. De wereld verandert, snel, steeds sneller. Juist als je denkt dat het meevalt, ben je te laat en lijkt het alsof de regels van het spel 'ineens' zijn veranderd. Hoe dat komt? Je zag het niet aankomen, was met andere dingen bezig, jouw branche of expertise zou niet zo snel ten prooi vallen aan de (technologische) ontwikkelingen. Jazeker, er waren signalen van buitenaf, maar die waren nauwelijks serieus te nemen of je stond er simpelweg niet voor open.

Toch is de geschiedenis vergeven van voorbeelden die het is overkomen. We hebben er tegenwoordig zelfs een woord voor: disruptie. Nokia, Encyclopaedia Britannica (of Winkler Prins), de beroemde Michelinkaarten, Kodak en vele andere lieten zich 'verrassen' door de mogelijkheden van nieuwe technologie. Juist de leidende positie en de bijbehorende harnassen leken de bedrijven de das om te doen. Kodak was zelfs een pionier op het gebied van digitale fotografie. KPN verdiende miljoenen per jaar aan sms (een dienst die via overbodige bandbreedte werd aangeboden) en zag WhatsApp niet aankomen. Juist de overtuiging dat dingen niet kunnen, is in een digitaliserende wereld bijzonder gevaarlijk. Helemaal niet zo gek, zeker niet als je uit de wereld van de atomen komt en de wetten van de bits en bytes niet helemaal begrijpt. 'Een encyclopedie schrijf je tenslotte niet zomaar, dat is vakwerk en er zijn maar een paar bedrijven die dat kunnen', is niet zo'n heel vreemde gedachte. Toch heeft het wereldwijde netwerk dat internet heet ervoor gezorgd dat duizenden mensen, die elkaar nog nooit hebben gezien en niet centraal aangestuurd noch gecontroleerd worden, een gratis aangeboden én gedistribueerde encyclopedie kunnen schrijven.* Alle muziek van de wereld kunnen afspelen zonder dat je die muziek koopt of fysiek bezit, was nog niet zo lang geleden ondenkbaar, maar de snelle groei van smartphones heeft ervoor gezorgd dat je niet eens een apparaat hoeft te kopen om een ongekend grote muziekbibliotheek in je binnenzak te dragen. En als jij degene bent die de rechten van cartografie en landkaarten in handen hebt, lijkt jouw positie heel veilig – totdat goedkoper wordende en overvloedig aanwezige technologie als sensoren, satellieten en (mini)camera's met hun massale informatievoor-

* Een traditionele encyclopedie werd ongeveer eens in de zes jaar herschreven. Op Wikipedia duurt het gemiddeld zes uur totdat een artikel (mits het bezocht wordt uiteraard) een redelijk goede betrouwbaarheidsgraad krijgt door het zuiverende en lerende effect van de community. Van zes jaar naar zes uur...

ziening gekoppeld aan het grootste gedeelte van de mensheid jouw speelveld op zijn kop zetten. '*The world is moving so fast these days that the man who says it can't be done is generally interrupted by someone doing it.*' Deze beroemde quote wordt toegeschreven aan Elbert Hubbard, die dit in 1915 zou hebben gezegd! Dus toen waren al mensen zich bewust van het feit dat de mogelijkheden zich vaak sneller aandienden dan we voor mogelijk hielden – een feit dat alleen maar urgenter aan het worden is.

We lijken ons meer bewust van de veranderingen om ons heen doordat bedrijven als WhatsApp, Wikipedia, Spotify en Google allerhande businessmodellen volledig op hun kop hebben gezet. De favoriete voorbeelden van nu zijn Amazon, Uber en Airbnb. Deze hebben niet alleen een dienst gedigitaliseerd en daarmee frictie tussen vraag en aanbod verminderd, maar ook de wereld van de atomen en zijn wetten van toegang en bezit compleet op zijn kop gezet.

De huidige ontwikkelingen rond kwantumcomputing (rekenkracht), kunstmatige intelligentie (cognitieve kracht) en synthetische biologie en DNA-manipulatie (bouwstenen van de natuur) duiden erop dat de nieuwe acceleratie die zich aan het openbaren is van een totaal andere orde zal zijn dan wat de mensheid ooit heeft ervaren. Ons aanpassingsvermogen zal meer dan ooit op de proef gesteld worden. De een zal hier beter mee om kunnen gaan dan de ander, en sommigen misschien wel helemaal niet. Feit is dat we snel een strategie moeten ontwikkelen om de veranderbereidheid van mens en organisatie te stimuleren. Om dat te doen zullen we affectieve vaardigheden* die creatief probleemoplossend vermogen ondersteunen moeten oefenen:

* Gerard J. Puccio, Marie Mance & Mary C. Murdock, *Creative Leadership: Skills that Drive Change*, 2007.

1. Openstaan voor het nieuwe
2. Omarmen van het onbekende
3. Tolerantie voor risico's

Voordat we hiermee door middel van warorde aan de gang gaan, moeten we eerst dieper ingaan op wat ons hierin beperkt.

VERANDERING, ONZE GROOTSTE ANGST?

Waarom de hele tijd dat veranderen, aanpassen, vernieuwen? Het is helemaal niet zo gek dat het grootste deel van de mensen weerstand biedt tegen verandering, we hebben er gewoon geen zin in. Terwijl we maar al te goed weten dat we zonder verandering nog altijd in een grot zouden leven! Laten we eens teruggaan naar de jager-verzamelaar. Als er vroeger iets veranderde, was dat meestal geen goed nieuws. Een beer in je grot betekende niet dat je een nieuw huisdier had, de buren kwamen niet op bezoek om thee te drinken en was het net een beetje lekker weer, dan kwam er een heel lange winter aan. Redenen te over om niet van verandering te houden, want verandering was meestal een signaal van naderend onheil! Nu houden we beren in een kooitje veilig op afstand, kletsen we bij met de buren (we hebben beiden belang bij een stabiele relatie) en gaan we in de winter lekker skiën in een warm pak. Evolutionair is er echter nog niet zoveel veranderd aan de eeuwenoude 'vlucht, vecht of bevries'-reactie die diep in ons limbische systeem zit geprogrammeerd. Verandering zet ons fysiologische systeem op scherp, vooral als ze een bedreiging lijkt. Hier wordt overigens lustig op ingespeeld door onze omgeving. Kranten, het nieuws, tijdschriften weten het: grote, dreigende koppen (bedreiging!) trekken aandacht. *If it bleeds it leads* is een veelgehoorde uitspraak op menige redactie. Vandaar dat sciencefictonfilms meestal (of eigenlijk altijd) een dystopisch beeld van de toekomst schetsen. Stel je voor dat je twee uur lang moet gaan zitten kijken naar volmaakt gelukkige wezens die 'alleen maar' bezig zijn elkaar te voeden op emotioneel, intellectueel en hartsniveau. Zo'n film zou waarschijnlijk niet veel volle zalen trekken.

Angst is een lastig fenomeen. En dat niet alleen omdat veel van onze angstsystemen uit een tijdperk stammen dat al lang achter ons ligt, terwijl ze nog steeds zeer actief zijn. Nee, ik bedoel hier een ander aspect, namelijk het feit dat we het grootste gedeelte van ons leven bang zijn voor zaken die heel waarschijnlijk niet gaan gebeuren! Natuurlijk is het goed om voorzichtig te zijn in gevaarlijke situaties, maar veel situaties waar we angsten voor hebben, zijn helemaal niet zo gevaarlijk, laat staan levensbedreigend. Jammer daarom dat we ons daardoor regelmatig laten beperken in onze actie tot ontwikkeling. Een interessante lijst met belangrijke angsten die actie tegenhouden, is *The Perceived Risk Dragons.** Ik heb de voorbeelden naar werksituaties aangepast. Misschien geeft dit je inzicht in de beperkingen in veranderkracht in je omgeving en/of bij jezelf in situaties waar dit wel verlangd wordt. Dit zijn ze:

- Functioneel risico: 'Wat als de verandering die ik overweeg niet zo goed werkt als mijn huidige keuze?' Bijvoorbeeld: 'Ik wil wel slimmer leren werken, maar straks kies ik de verkeerde tool!'
- Fysiek risico: je overweegt bijvoorbeeld vaker op de fiets naar je werk te gaan, maar bent bang voor het verhoogde risico op een ongeluk in het drukke verkeer.
- Financieel risico: 'Ik begrijp dat een andere manier van

* L.G. Schiffman, L.L. Kanuk & M. Das, *The Perceived Risk Dragons. Consumer Behavior*, 1997. http://bit.ly/warorde-DOI

werken wellicht veel sneller, handiger en effectiever is. Maar wat als dat mijn baan minder relevant maakt?

- Sociaal risico: 'Wat als mijn omgeving de verandering in mijn (werk)gedrag maar raar vindt?' Dit vertraagt verandering.
- Psychologisch risico: wanneer iemand geplaagd (of zelfs gepest) wordt door iemand die belangrijk is, of door meerdere mensen, kan dit serieuze psychologische schade toebrengen.
- Tijdelijk risico: tijd is schaars. 'Ik zie veel mogelijkheden om dit project in een versnelling te brengen, maar wat nou als ik door daar tijd in te steken achteropraak met mijn huidige werk?'

Angst als beperkende factor in je leven mag niet onderschat worden. Angst zit niet alleen in ons limbische systeem geprogrammeerd, het is ook heel diep verankerd in ons emotionele zelf. Van kinds af aan leren we van onze ouders dat bepaald gedrag 'goed' of 'fout' is. Als klein wezen dat afhankelijk is van voedsel, onderdak en veiligheid leer je in die periode dat bepaald gedrag wel of geen goedkeuring oplevert. En hoewel dit volkomen logisch en noodzakelijk is, zet dit meteen onze zelfacceptatie onder druk: 'Als ik dit doe krijg ik goedkeuring, als ik dat doe word ik afgewezen.' Ergo, om te zorgen dat er van me gehouden wordt, heb ik externe goedkeuring nodig. Dat kan een ongelofelijke rem zetten op je geluk en ontwikkeling.

CYNISME: SCEPTISCH OF SEPTISCH

In de technologische arena zie je vaak twee soorten meningen. Eén groep mensen denkt dat technologie alles oplost, omarmt alle nieuwe gadgets, ziet enorme potentie en bestaat uit echte technofielen. Als een septic tank laten ze alles toe, maar met het gevaar van rottigheid. In de praktijk overschatten we echter vaak wat technologie ons op korte termijn brengt en lost technologie meestal net iets meer problemen op dan ze zelf veroorzaakt.

Een andere groep denkt dat technologie vaak zaken ten nadele verandert en hel en verdoemenis over ons zal uitstorten: de sceptici of technofoben. De geschiedenis heeft echter uitgewezen dat we van de boekdrukkunst niet dommer zijn geworden, treinen ons niet ziek maken en wetenschap in het algemeen niet Gods toorn over ons afroept. Laten we zeggen dat het leven van de gemiddelde Nederlander in 2019 een stuk aangenamer, veiliger, gezonder en rijker is dan in 1719.

Mij lijkt een strategie waarbij ontwikkelingen eerder serieus genomen worden en we de vrijheid nemen om samen te experimenteren en organisch te reguleren veel effectiever, zeker in een tijd waarin ons nog veel veranderingen te wachten staan. Weerstand is naar mijn mening toch vaak de dood in de pot, zeker als het op cynisme gaat lijken. Op het moment dat weerstand de mogelijkheid van een nieuwe oplossing, de kans op een heel nieuw inzicht, of de eerste 'spark' van een geweldig idee in de kiem smoort, werkt het bij verbetering, innovatie of andere verandering buitengewoon contraproductief. We willen toch nieuwe kansen creëren? Dan heb je creativiteit nodig! Cynisme heeft geen creërende waarde (behalve bij cabaretiers), dus daar heb je weinig aan.

'There is no power in cynicism. There is no forward thrust in cynicism.'
Jesse Jackson, Amerikaans politicus en activist, 1941

WAAR ANGST REGEERT, WORDT NIET GELEERD

Daarnaast kan angst ook de acceptatie van iets nieuws, veranderkracht en dus creativiteit in de weg zitten. Als het al lastig is voor een individu om verandering te accepteren of zelfs te omarmen, hoe moeilijk moet dat dan wel niet zijn voor groepen mensen? Hoe zit het eigenlijk met collectieve angst? Hiervan zien we dagelijks het resultaat. Zeker binnen grote organisaties blijken veranderprocessen lastig in te voeren en zeker uit te voeren. Grote organisaties zijn nu eenmaal ontworpen in een tijd waarin structuren en processen beveiligen tegen risico en verandering een heel goed idee was. Toen de boel nog niet zo snel veranderde als nu (we hadden geen digitalisering, internet en overvloed aan informatie), was het beveiligen van je business voor invloeden of dieven van buitenaf prioriteit nummer één. Jij was tenslotte een van de weinigen die toegang hadden tot machines, informatie, vergunningen en kapitaal. Het optimaliseren van het gouden idee of het nog efficiënter bedienen van de veroverde markt was dé weg naar winstoptimalisatie. Zoals we eerder constateerden, hebben traditionele organisaties de neiging verandering en risico als een virus te behandelen, een logisch gevolg van de optimalisatie voor continuïteit. Stel je voor dat jij met je enthousiasme en creativiteit een geweldig idee hebt 'ontdekt' en dit als mogelijke innovatie in de organisatie wilt brengen. De kans is dan aanwezig dat jij door het systeem als virus wordt gezien! Zie je hoe de manier van organiseren zoals die in onze cultuur geworteld is creativiteit en innovatie in de weg kan zitten?

Bij verandering hoort weerstand, die is soms ook gewoon nuttig. Het dempende effect van weerstand zorgt er namelijk voor dat we een tweede keer nadenken over de implementatie van een innovatie en dat we wél stilstaan bij privacy-issues, veiligheid en betrouwbaarheid. Enthousiasme en weerstand zijn als yin en yang: ze zouden elkaar in balans moeten houden. Maar die balans is zoek. Aan de ene kant hebben de krachten van weerstand terrein gewonnen in allerlei instituties die we hebben opgetuigd teneinde de status quo te beschermen. Aan de andere kant zorgen blinde vlekken in onze waarneming door angst, onderschatting of simpelweg het negeren van ontwikkelingen juist voor nieuwe bedreigingen. We moeten angst en waakzaamheid (het trainen van onze voelsprieten) niet met elkaar verwarren. Angst kan leiden tot negeren of wegdrukken, terwijl waakzaamheid tot inspiratie en actie kan leiden.

We zien nu dat we te makkelijk onze privacy en data hebben ingeruild voor handige 'gratis' diensten. Platformen als Facebook, Instagram en Google zijn zo hard gegroeid dat er in een vroeg stadium geen basis voor goede regulering is gelegd – deze platformen hebben het medialandschap in nog geen tien jaar radicaal veranderd. Er heeft een enorme machtsverschuiving plaatsgevonden en geheel volgens de natuurlijke wetten van de netwerk- en informatievrijheid gebeurde dat veel sneller dan ooit verwacht. Vreemd genoeg is scepsis vaak de basis van het negeren van een ontwikkeling – 'Het zal allemaal wel loslopen', of 'Sociale media? Daar doen wij niet aan hier op school'. Door het negeren van deze nieuwe krachten hebben de meeste volwassenen geen invloed gehad op het creëren van gebruiks- en gedragsregels. Te laat kwamen de gesprekken over de schaduwzijde van het overal en altijd gratis kunnen publiceren op gang. Niet alleen veel ouders en leraren hebben het nakijken bij de invloed van de nieuwe communicatietools, die aanvankelijk vooral door de jeugd werden omarmd, maar ook marketeers van grote bedrijven hebben lange tijd weinig begrepen van de invloed van internet op de perceptie van hun producten en diensten. En dan hebben we het nog niet over de moeite die regeringen hebben om de ontwrichtende macht van Google en Facebook te reguleren.

DE VERANDERPARADOX

Oké, de wereld verandert, dat is niets nieuws. Wat de huidige verandering anders maakt dan voorheen, zijn twee belangrijke fenomenen. Enerzijds is er de technologische versnelling, die al decennia aan de gang is en tussentijds versnelt doordat de convergentie van snel slimmer, goedkoper en kleiner wordende technologie een exponentiële ontwikkeling van die technologieën mogelijk maakt. Een ander fenomeen is dat die technologische versnelling niet per se waargenomen hóéft te worden. Doordat een groot deel van de ontwikkelingen niet alleen in de wereld van de atomen (machines, gebouwen, boeken) maar met name in de wereld van de bytes (digitalisering, DNA-sequentie, synthetische biologie) plaatsvindt, is ze simpelweg niet (direct) waarneembaar voor het oog. Er zijn kortom twee belangrijke dynamieken: de veranderingen volgen elkaar in hoog tempo op én de veranderingen zijn voor veel mensen en organisaties niet tijdig te herkennen en moeilijk te integreren. Om dit bij te houden willen we sneller kunnen aanpassen, innoveren en transformeren en dat valt niet mee.

Waarom niet? Omdat, zoals voor de meeste dingen geldt, ook verandering twee kanten heeft. De paradox is dat terwijl technologie ons op het niveau van veiligheid, gezondheid en kennis heeft gebracht waar we nu verkeren, de komst van nieuwe technologie ons angst inboezemt en daardoor voor weerstand zorgt. Om met die weerstand om te kunnen gaan en die om te zetten in adaptie- of zelfs innovatievermogen, zullen we moeten kunnen bewegen, en om te kunnen bewegen hebben we ruimte nodig – ruimte om te kunnen spelen met de complexe puzzel die onze maatschappij is geworden. Tijdens onze pogingen deze puzzel op te lossen bedenken we het ene na het andere (vaak geweldige) systeem, dat ongewild vaak weer complexiteit toevoegt. Is er nog iemand die het gevoel heeft alles te kunnen overzien? Misschien zit daar de echte angst: het gevoel dat we de controle verliezen. En dat is nou precies wat je soms moet doen om verder te komen: een beetje controle loslaten om ruimte te creëren en een nieuwe kant op te kunnen bewegen. Spelenderwijs uiteraard. Laten we eens kijken hoe we daar kunnen komen.

'Some people never go crazy. What truly horrible lives they must lead.'
Charles Bukowski, Amerikaans schrijver en dichter, 1920-1994

REGELDRIFT

Regels, regels, regels... Uit talloze verhalen blijkt dat we er genoeg of te veel van hebben. Wie wel eens zijn huis heeft willen verbouwen, een ongewone situatie bij de verzekering heeft willen claimen, heeft willen ondernemen of gewoon iets goeds heeft willen doen wat buiten de regeltjes valt, weet hoe frustrerend de regelzucht kan zijn. Als je het aan mensen zelf vraagt, zegt bijna niemand dat hij al die regels leuk vindt en beweert hij ze zelf niet nodig te hebben. Toch hebben we er zoveel en krijgen we er steeds meer. Hoe komt dat nou toch?

Waarschijnlijk speelt onze drang naar het optimaliseren van orde en het aanbrengen van efficiëntie een grote rol. Regels hebben ons dan ook een hoop gebracht. Regels hebben de wereld op veel plekken een stuk veiliger gemaakt. We kunnen vaak op regels vertrouwen om de complexiteit van wonen met zoveel mensen op deze kleine aardkloot in goede banen te leiden. En je mag van mensen die structuur bedenken verwachten dat ze graag willen dat hun beleid wordt uitgevoerd aan de hand van, jawel, hun regels. En hoewel we vaak vinden dat we zelf geen regels nodig hebben, vinden we natuurlijk wel dat anderen die hard nodig hebben! Het vervelende is dat regels vaak meer regels uitlokken, we zijn tenslotte bezig met het optimaliseren van een werkend model, en opgevoed als lineair denkende soort kunnen we niet veel anders dan bedenken dat 'meer' meestal 'beter' betekent.

Het gaat over het algemeen mis als de regels zelf zo complex worden dat het bestuderen en uitvoeren ervan een taak op zich wordt. En wat gebeurt er als je ergens expert in wordt? Dan zie je jouw expertisegebied vaak als de oplossing voor álles. Zoals het oude gezegde luidt: als je enige gereedschap een hamer is, ziet elk probleem eruit als een spijker.* Regels (en alles wat erop lijkt) kunnen hun doel voorbijschieten als ze belangrijker worden dan het doel waar ze voor zijn bedacht, als mensen regels boven sociaal wenselijk gedrag, moraliteit of zelfs menselijkheid gaan stellen. Ik krijg wel eens het idee dat een teveel aan regeldrift een deel van ons prosociale gedrag bedreigt. Als alles 'geregeld' is, waar is dan mijn eigen verantwoordelijkheid om kleine en grote misstanden in het dagelijks leven op te pakken? Zwerfvuil? Daar hebben we gemeentereiniging voor! Die verwarde persoon die hulp nodig heeft? Daar is de GGD voor (straks doe ik iets verkeerd...). Die losliggende stoeptegel? Mag de gemeente doen, ook al kan ik het zelf in vijf minuten oplossen.

Het lijkt erop dat er een vergelijking te trekken is tussen de manier waarop het geloof in de Bijbel met zijn 'regels' de mens-

* Vrij naar Abraham Maslow (1908-1970), Amerikaans psycholoog (yep, van die piramide).

heid in de Middeleeuwen in de weg zat, en het huidige geloof in de maakbaarheid van onze samenleving door regels. Stel je voor dat het geloof in regels en procedures straks, gevoed door data en algoritmen, inderdaad een nieuw soort geloof schept, een geloof dat lijkt op wat Yuval Noah Harari *dataism* noemt,* een zo sterk geloof in de voorspellende en oordelende waarde van data en slimme algoritmen dat de mens zich laat leiden in zijn gedrag en beslissingen. In mijn optiek is dit een vreselijk scenario. Waarom? Omdat we in een tijd waarin technologie steeds meer taken van ons overneemt onze menselijke eigenschappen als vertrouwen, intuïtie en eigenwijsheid moeten koesteren. Verderop ga ik uitgebreid in op het creëren van een omgeving waarin deze eigenschappen goed gedijen. Voor nu is het belangrijk om het gevaar van de dynamiek die onze overregulering mee kan brengen tot ons te laten doordringen. We zoeken orde om een omgeving te creëren die ons bevalt. Als dit niet lukt, proberen we dit af te dwingen door meer regels op te stellen. Lijkt het wel te lukken, dan beveiligen we die omgeving met nog meer regels. Meer regels betekent minder ruimte voor vertrouwen in afwijkende, leuke, gekke ideeën, en dit beperkt weer de ruimte om te kunnen bewegen en je intuïtie haar gang te laten gaan.

In het boek *Creative Destruction. Why Companies That Are Built to Last Underperform the Market – and How to Successfully Transform Them* (2003) beschrijven Richard Foster en Sarah Kaplan heel helder hoe organisaties systemen opbouwen die gebaseerd zijn op continuïteit, terwijl we (mede door de versnelling in technologie) in een staat van discontinuïteit zijn

* De term 'dataism' wordt door Harari duidelijk uitgelegd in de *Tegenlicht*-uitzending *Mensen, goden en technologie* van 29 oktober 2017: http://bit.ly/warorde-tegenlicht .

terechtgekomen. In hun boek *Exponentiële organisaties* (2015) stellen Salim Ismail, Michael S. Malone en Yuri van Geest dat traditionele organisaties verandering en risico als een virus proberen uit te bannen. Dat is een gevolg van de wijze waarop ze zijn opgebouwd en de dynamieken die dat meebrengt. Immers, wanneer iets werkt (een proces, theorie of wat dan ook) beveiligen we dit door middel van regels en procedures. Zelfs wanneer een bedrijf een startup overneemt om te kunnen versnellen, te veranderen of iets van de cultuur binnen te halen, dan nog zijn successen zeldzaam omdat het moederbedrijf bewust de nieuwe aanwinst afremt om het beter te kunnen begrijpen, de procedures te kunnen aanpassen en de nieuwe medewerkers aan de nieuwe cultuur te laten wennen.

Het is heel lastig; de *cultural lock-in* zorgt ervoor dat de innovatiekracht van een organisatie verdampt, maar laat zich ontzettend moeilijk 'unlocken', juist omdat mogelijke bedreigingen zoals de angst voor kannibalisatie, de angst voor conflicten binnen bestaande allianties en de angst voor afnemende opbrengsten uit bestaande bronnen de cultural lock-in alleen maar sterker maken.

Regels en management

Hoe noemen we een systeem waarin de regels allesbepalend zijn? Juist, een bureaucratie. En ook voor bureaucratie geldt dat ik in mijn leven weinig mensen ben tegengekomen die bij dat woord een positieve associatie hebben. Een bureaucratie heeft ook de neiging uit te dijen en dicht te slibben en dat lijkt te maken te hebben met dezelfde dynamiek die we hiervoor zijn tegengekomen. De bureaucraat is natuurlijk de ultieme regelneef; hij heeft niet één soort, maar een hele set hamers waarmee hij zaken kan dichttimmeren! Een bureaucratie laat zich veel makkelijker opbouwen dan afbreken, probeer er daarom zo min mogelijk van te accepteren.

Management en controle

Waar gedijt bureaucratie beter dan in een hiërarchie? Nergens. Een hiërarchie is tenslotte een *command & control*-model. Dat is in veel situaties buitengewoon handig, maar niet heel flexibel, open en snel. Waar een bureaucratie de ultieme broedplaats voor regelneefjes is, is een traditionele hiërarchie de ultieme verzamelplek voor managers van allerhande soorten. En als je dan bedenkt dat, vooral bij grote organisaties, managers geobsedeerd plannen, zich verliezen in details en strategieën uitdenken die zo complex zijn dat het einddoel allang uit zicht is, dan begrijp je waarom projecten vaak in een 'stroopversnelling' terechtkomen.

De vraag die je jezelf moet stellen als *business owner*, CEO, bestuurder of in welke leiderschapsrol ook, is of je in een systeem wilt investeren dat traag, inflexibel en duur is,* en dat in een tijd waarin snelheid en adaptie van belang zijn. Bovendien biedt de netwerk-en-informatiesamenleving mogelijkheden in overvloed om easycratisch† (het tegenovergestelde van bureaucratisch) te organiseren. We moeten ze alleen nog grotendeels ontdekken.

De vraag die je je als middelmanager moet stellen, is in hoeverre jij je dienstbaar opstelt aan die nieuwe dynamieken die langzaam maar zeker de overhand krijgen. Help en ondersteun je je team door het ruimte en vertrouwen te geven? Of werk je het (ongemerkt) tegen uit gewoonte of misschien wel angst?

De vraag die je je als medewerker kunt stellen, is in welke organisatie je liever je talenten wilt (of eigenlijk kunt) ontplooien: eentje die dichtgekit zit met procedures en waar weinig

* *Harvard Business Review*, 'Why Good Companies Go Bad', 1999, http://bit.ly/warorde-wgcgb

† M. Aslander & E. Witteveen, *Easycratie: De toekomst van werken en organiseren*, 2011.

ruimte voor initiatief en nieuwe ideeën is, of... Ik denk dat de jonge, ambitieuze talenten het wel weten.

DAN MAAR ANARCHIE?

Ik wil benadrukken dat ik geen anarchist ben. Regels zijn belangrijk om een samenleving leefbaar te houden. Richtlijnen en procedures helpen om zaken die telkens opnieuw moeten efficiënter te laten verlopen en om nieuwe, spannende dingen een beetje veilig te houden. Ik denk alleen dat de genoemde dynamiek duidelijk maakt dat er behoefte is aan een beetje 'ontregeling' door warorde.

Het is grappig: waar we situaties naar onze hand willen zetten met regels door gedrag van mensen te sturen met procedures, willen we onszelf in een competitieve, snel veranderende omgeving het liefst omringen met gemotiveerde, kritisch denkende, taakvolwassen mensen! In zijn boek *Drive. The Surprising Truth About What Motivates Us* (2009) beschrijft Daniel Pink het fenomeen *overdosed on control.** Controle is nodig, maar lokt (net als regels) meer gulzigheid naar controle uit. Echter, controle is geen effectieve manier om mensen te motiveren voor belangrijke dingen. De mens heeft maar twee reacties op controle: schikken of provoceren. Mijn eigen waarnemingen leren me dat daar waar mensen schikken, een organisatie minder intuïtief, flexibel en creatief wordt en daar waar mensen provoceren, aandacht gaat naar confrontaties, tegenstellingen en het verdedigen van meningen en overtuigingen. Natuurlijk wil je dat de eigenwijze mensen soms schikken en de volgzamen zelf blijven nadenken en een beetje eigenwijs zijn. Maar een organisatie met volgzame mensen die braaf blijven doen wat ze deden en waar de energie die je zo hard

* Daniel Pink, *Drive*, 2009, video: http://bit.ly/warorde-drive.

nodig hebt voor creativiteit en aandacht gaat naar de frictie die de provocateurs teweegbrengen, lijkt me een buitengewoon ongezonde, ineffectieve en lastige plek om te ontwikkelen. En het is er zeker niet veilig genoeg om te kunnen spelen.

VERANDEREN ZONDER REGELS OF PROCEDURES

Trainingen zijn een populaire tool om te proberen gedrag van mensen te veranderen in de hoop op meer eigenaarschap, initiatief, zelfsturing of innovatievermogen. En hoewel ik het nut van trainingen op geen enkele wijze wil onderschatten, moeten we de invloed van een training op het gedrag van de mens ook niet overschatten. Een goede training geeft de deelnemers inzicht en tools om een probleem op te lossen (hier moet ik natuurlijk eigenlijk schrijven: een uitdaging aan te gaan), of het nu gaat om betere communicatie, effectiever leiderschap of het optimaliseren van processen. Een heel goede training kan zeker zorgen voor meer effectiviteit (en vaak efficiëntie) in een organisatie en een goede manier zijn om de dynamiek binnen een team een zet te geven. Een coachingtraject of een training is soms ook erg nuttig in een persoonlijk ontwikkelingstraject. Zelf kan ik geen genoeg krijgen van persoonlijke ontwikkeling (ik heb natuurlijk ook een hoop te doen op dat vlak). Allerlei mensen en situaties om me heen geven me de hele dag waardevolle feedback. Je moet je alleen wel eerst 'even' openstellen...

Om grote bewegingen in organisaties in gang te zetten of een cultuur op haar kop te zetten zijn trainingen echter niet de beste tool. Te vaak gaan mensen de volgende dag verder met de waan van de dag. De inzichten worden wel meegenomen in delen van het leven, maar de werkdruk, kpi's, manager, meetings, mail en heersende 'workflow' (of het ontbreken daarvan) eisen allemaal hun dagelijkse aandacht weer op. Thuis hebben we het nog wel eens over die waardevolle inzichten, maar op het werk hebben we daar geen tijd voor. Het gedrag, en daarmee de geldende cultuur van dat moment, verandert in essentie meestal niet. Als we de keus hebben, voelt het tenslotte veiliger om niet al te veel te veranderen.

Beter werkt het om een beetje verwarring te zaaien, om mensen uit hun comfortzone te halen. Stel je voor dat je voor een week van afdeling of functie verandert, dat je in het bos je werk moet doen, dat degene die er altijd is om jouw problemen op te lossen ziek is, kortom, als het allemaal ineens heel anders gedaan moet worden, we met heel andere collega's moeten samenwerken, er geen procedure is voor de situatie, wat dan? Dan wordt het vervelend, er ontstaat verwarring en soms zelfs paniek. En tegelijkertijd ontstaan er nieuwe samenwerkingen, staan er mensen op en ontdekken we talenten waarvan we niet wisten dat die aanwezig waren. Vooral gaan we weer nadenken over prioriteiten! En als we dat goed doen, gaan we bedenken waarom iets moest gebeuren, wat er moest gebeuren en niet hoe we ons werk doen.

Reken maar dat er ruimte ontstaat om dingen te doen. We krijgen tijd en ruimte die we normaal besteden aan dagelijks gedoe als vergaderingen, te veel e-mail-cc's in de gaten houden, elkaar overtuigen van aannames met rapporten die niet in de praktijk getoetst zijn, een vijfjarenplan volgen dat allang niet meer van deze, laat staan van de toekomstige tijd is – enfin, je begrijpt vast wat ik bedoel.

Timothy Ferris beschrijft dit fenomeen heel treffend in zijn boek *The 4-Hour Workweek* (2009). Hij noemt dit de 'wet van Parkinson' en die heeft niets met de ziekte te maken. Als voorbeeld geeft hij een agenda die de hele week overvol zit en waar niets meer tussen kan, maar als een belangrijke klant wil dat je om twee uur 's middags in een grote stad anderhalf uur verderop bent, dan lukt dat altijd: 'Een taak heeft de neiging om in complexiteit en benodigde tijd toe te nemen naarmate de duur waarover deze zich uitstrekt langer is.'

Het fijne van een beetje chaos is ook dat het veel mensen de vrijheid biedt die ze nodig hebben om in de ruimte te kunnen bewegen, om initiatieven te ontplooien waar eerst geen ruimte voor was.

Chaos creëert idealiter urgentie, ruimte, beweging en vrijheid en scheidt het kaf van het koren. Met een beetje mazzel helpt het ook gezamenlijke inzet en groepsgevoel de goede kant op. Maar chaos kan ook tot een gebrek aan veiligheid leiden. Lang niet iedereen voelt of waardeert de vrijheid die nodig is om in de dankzij chaos ontstane ruimte te mogen bewegen. Een essentieel ingrediënt dat nog ontbreekt, is dan vertrouwen, dat we op de een of andere manier zullen moeten toevoegen (chaos gaat dat meestal niet voor ons doen). Het vertrouwen kunnen we putten uit het lonkende perspectief, een gezamenlijk doel waar we voor gaan. Naast urgentie is perspectief namelijk het belangrijkste ingrediënt om mensen aan het veranderen te krijgen.

REGELS INREGELEN?

Maak zo min mogelijk regels, maar wel heel helder en selecterend of sturend op het gewenste gedrag dat een organisatie nodig heeft om een gezonde cultuur te creëren waarmee de wedstrijd kan worden aangegaan. Die cultuur staat op haar beurt weer in dienst van de gezamenlijke intentie die nodig is om het hogere doel van een organisatie te bereiken.

'Ik ben onder de indruk van de urgentie van het handelen. Weten is niet genoeg; we moeten toepassen.'
Leonardo Da Vinci, architect, uitvinder, ingenieur, filosoof, natuurkundige, scheikundige, anatomist, beeldhouwer, schrijver, schilder en componist, 1452-1519

URGENTIE

Een aantal jaren geleden was ik met een mooi clubje nieuwsgierige mensen op 'techtrip' naar San Francisco en Silicon Valley. Het hoofddoel van de trip was de tweedaagse Quantified Self Global Conference. Quantified Self* is de benaming voor het verkrijgen van kennis over jezelf door jezelf te 'tracken'. Dat kan zijn door het bijhouden van je hartslag, je gewicht, je aantal gezette stappen, je slaapgedrag, je eetgedrag, maar ook van het aantal keren dat je niest, hoelang je zit, de kleur van je oogwit, enzovoort. De lijst is eindeloos. Voor mij is het meten van zaken als beweging, slaap, hartslag en eetgedrag onmisbaar geworden voor het optimaliseren van mijn dagelijkse ritme. Het fascinerende van de Quantified Self-beweging is dat je niet alleen enorm veel te weten komt over je eigen lichaam en de conditie daarvan, maar veel Quantified Selfers zijn het er ook over eens dat bewustwording een belangrijk onderdeel is van het bijhouden/meten/analyseren van de eigen data.†

De potentie van het zelf kunnen meten en analyseren van de correlatie tussen gedrag en impact op de gezondheid is enorm, zelfs zo groot dat medisch bioloog, wetenschapper en onderzoeker aan de Hanze University of Applied Sciences Martijn de Groot het eerste Quantified Self-instituut buiten de VS in Groningen (mede) heeft opgericht. Naast co-oprichter is hij als

* Ouantified Self, http://bit.ly/warorde-QS

† Dit wordt het Hawthorne-effect genoemd: http://bit.ly/warorde-hawthorne

onderzoeksdirecteur en boegbeeld van het Quantified Self-instituut een groot voorstander van de integratie van *digital personal health* in het professionele domein. Martijn de Groot was een van die nieuwsgierige mensen die mee was op de trip naar Silicon Valley. Hij heeft me laten inzien dat de meeste mensen over het algemeen pas bereid zijn hun gedrag te veranderen als ze zich bewust zijn van twee zaken: urgentie en perspectief. Hij legde uit dat wanneer iemand ziek is (urgentie) maar geen zicht op genezing heeft (perspectief), deze persoon in veel gevallen apathisch gedrag gaat vertonen. Tegelijk geldt: als iemand een ongezonde levensstijl heeft maar geen klachten in het heden (gebrek aan urgentie), heeft hij in veel gevallen moeite om zijn gedrag aan te passen (het perspectief van meer bewegen, stoppen met roken en gezonder eten en drinken).

Dit inzicht is nog altijd van grote waarde in mijn leven, zowel persoonlijk als professioneel. Inmiddels is het zes jaar geleden dat we de trip naar San Francisco maakten en sindsdien valt me op dat het op veel vlakken van toepassing is. Een bankdirecteur die geen 3 miljoen salaris, maar 'slechts' 2,4 miljoen krijgt omdat het crisis is, voelt waarschijnlijk geen intrinsieke motivatie om radicaal anders te besturen. De werknemer die inziet dat met een aantal simpele ingrepen een proces veel beter kan maar niet gehoord wordt, zal waarschijnlijk ophouden met melden of zelfs opmerken dat iets beter kan. Telkens als ik iemand tegenkom die in de gedragswetenschappen actief is, toets ik deze theorie, en telkens wordt ze bevestigd. Om het gedrag van mensen te veranderen heb je namelijk ten minste urgentie en perspectief nodig.

Perspectief behandelen we verderop in het boek uitgebreid. Laten we eerst dieper ingaan op urgentie. Urgentie is vaak een reden voor mensen om zich open te stellen voor een alternatief, een nieuwe manier van werken of organiseren. Als datgene wat je deed echt niet meer werkt en je krijgt geen resultaat meer, dan zul je tenslotte wel moeten! Einstein zou ooit gezegd hebben: '*Insanity is doing the same thing over and over again, and expecting different results.*'

Het lastige van urgentie is dat het zich niet altijd direct manifesteert. Zoals ik in hoofdstuk 1 heb gezegd, kán het zijn dat je eigenlijk nog comfort voelt terwijl de reden daarvoor in hoog tempo aan het verdwijnen is. In een wereld waarin veranderingen zich almaar sneller aandienen, zullen we ons comfort juist moeten vinden in een actieve positie in plaats van een luie leunstoel.

PURPOSE

Misschien nog vervelender is dat in (vooral) grotere organisaties urgentie vaak niet gevoeld wordt. Wanneer de afstand tussen wat jij doet en het eindresultaat, de klant of je collega's groot is, voel je simpelweg de urgentie niet zo snel. Dit kan allerlei redenen hebben. Je hebt geen idee hoe het grotere plaatje van je organisatie eruitziet, je wordt niet afgerekend op de uiteindelijke meerwaarde maar alleen op jouw deeltje in de grote machine, of de hiërarchisch ingedeelde organisatie laat je niet in de andere 'silo's' kijken. Kort gezegd: als jouw werk zich te veel beperkt tot de kpi's waar jij op wordt afgerekend, dan is het niet vreemd dat daar jouw prioriteit komt te liggen en je geen holistische kijk ontwikkelt. Natuurlijk hebben steeds meer organisaties een *purpose*,[*] een *big hairy audacious goal*[†] of zelfs een *moonshot*[‡] gedefinieerd, soms voorzien van een

* Sherry Hakimi, *Fast Company*, 'Why Purpose-Driven Companies Are Often More Successful', 21 juli 2015, http://bit.ly/warorde-purpose.
† Wikipedia, 'Big Hairy Audacious Goal', http://bit.ly/warorde-bhag
‡ *Four-Week* MBA, 'Moonshot thinking. When growth marketing becomes all about the 10x rule' http://bit.ly/warorde-moon

mooie *why** op een poster in de hal (waar de klanten het goed kunnen zien). Verderop ga ik dieper in op het belang van een gezamenlijk einddoel, maar voelen – en dan écht – waarom je ook alweer samen doet wat je doet, lukt veel beter met een gemeenschappelijke intentie. Mensen hoeven het helemaal niet met elkaar eens te zijn – liever niet zelfs! Lang leve de diversiteit! Maar de juiste intentie om samen iets voor elkaar te willen boksen moet altijd aanwezig zijn.

'The ultimate measure of a man is not where he stands in moments of comfort and convenience, but where he stands at times of challenge and controversy.'
Martin Luther King, Amerikaans predikant, 1929-1968

DE COMFORT-CRISISPARADOX

We zijn gevangen in een constante cirkel van verandering en aanpassing daaraan. Ik noem dit de comfort-crisisparadox. De gevestigde orde bevindt zich in een staat van comfort. De situatie waarin die zich bevindt, is bekend: de gevestigde orde

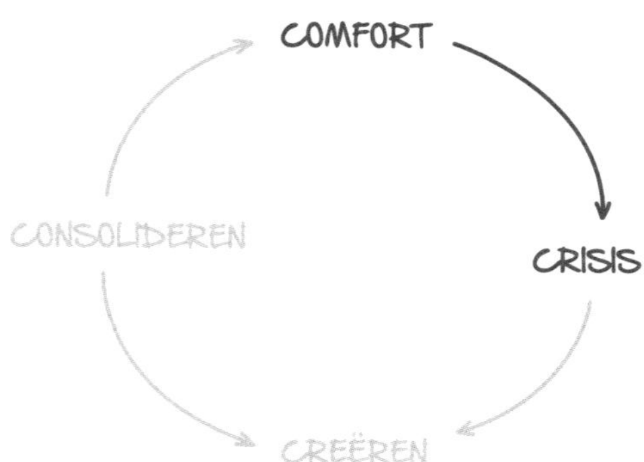

* Simon Sinek, *Start with Why. How great leaders inspire action*, 2011, http://bit.ly/warorde-why.

heeft met regels processen en bezit beschermd. Comfort is een positieve reden om niet te willen veranderen.

Comfort is waar we naar verlangen. De meesten van ons richten het leven thuis, op reis, in relaties en tijdens werk zo comfortabel mogelijk in. Comfort is fijn en veilig, iets waar we dus liever geen afscheid van nemen; we houden er graag zo lang mogelijk aan vast. Het lastige is dat we om iets nieuws te leren vaak juist uit onze comfortzone moeten treden. Het lastige is ook dat in deze tijd, terwijl jij denkt de markt te domineren, alle processen te overzien en de meest efficiënte manier te hebben gevonden om de boel te runnen, ergens op aarde (en waarschijnlijk op meerdere plekken tegelijk) mensen iets uitvogelen waardoor jouw oplossing (en dus jouw businessmodel) binnen laten we zeggen vijf jaar niet meer relevant is. Of door het gebrek aan relevantie verliest jouw organisatie de *war on talen*t, je lijkt stil te staan, je hebt het niet gezien, was bezig met je vak, je eigen strategie of het optimaliseren van processen en boekte goede winsten. Maar ineens is het... crisis!

Langzaamaan is de versnelling haar urgentie ook aan het opdringen aan constructen die buiten schot dachten te blijven. Bureaucratieën, gesloten conglomeraten, oligarchieën en andere trage vormen merken dat de kloksnelheid buiten de organisatie veel sneller is dan die binnen de organisatie. Je wil opleggen aan groepen die zich zónder jou sneller, relevanter of gewoon fijner ontwikkelen, gaat moeilijk als je geen grip meer hebt. Samenwerken wordt verdraaid lastig als je geen toegevoegde waarde meer levert of voor te veel vertraging zorgt. Langzaam maar zeker, eerst zonder er erg in te hebben, neemt de relevantie af en neemt de frictie tussen de binnen- en de buitenwereld toe.

Het is een vicieuze cirkel: We voelen ons comfortabel en veilig totdat er zich een crisis aandient die tot veranderen dwingt.

De urgentie tot veranderen wijst ons de weg naar andere perspectieven en wakkert creativiteit aan. De creativiteit creëert nieuwe mogelijkheden en laat ons ontwikkelen, totdat we weer rustig en comfortabel achteroverleunen nadat we het nieuwe hebben beveiligd met regels en procedures.

Nu langetermijnplanning steeds minder relevant wordt, en vasthouden aan het comfort van de status quo al helemaal, moeten we op zoek naar een nieuwe modus operandi, een nieuwe cirkel die ons helpt ons aan te passen en tegelijkertijd voldoende rust geeft om te beschouwen, te contempleren en te genieten: de warordecirkel.

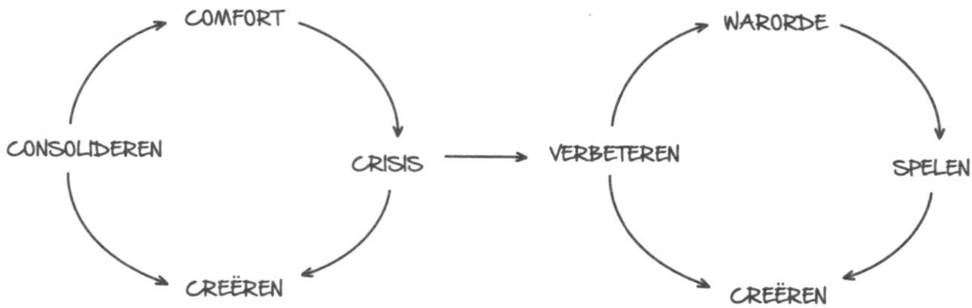

We moeten dus van de comfortcirkel naar de warordecirkel. In de comfortcirkel creëren we meer regels (en bureaucratie) om succes te beveiligen, waardoor er minder ruimte en dus minder bewegingsvrijheid ontstaat. De (schijn)veiligheid van het beveiligde succes zorgt voor een gevoel van comfort en een afname van een gevoel van urgentie. Deze 'bubbel' beknelt vervolgens onze intuïtie en ontneemt ons het zicht op een naderende (of al onderhuids aanwezig zijnde) crisis. De crisis zorgt pas voor urgentie om te veranderen en de bijbehorende chaos focust ons op wat ook alweer de 'bedoeling' (purpose) was. De ruimte die chaos creëert, zorgt voor zicht op nieuwe kansen en geeft intuïtie, lef en creativiteit weer een kans. Het gecreëerde dat tot nieuw succes leidt, dient uiteraard weer beschermd te

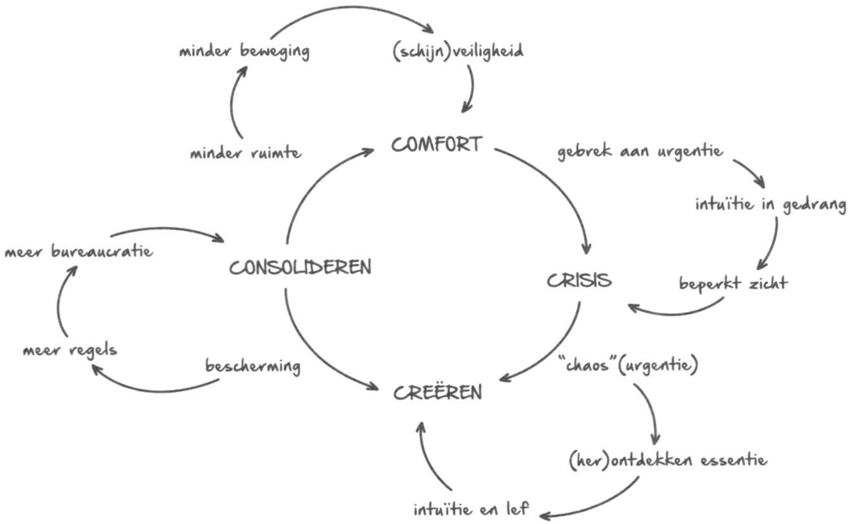

worden door regels en procedures, die weer leiden tot een gevoel van comfort. En zo is het cirkeltje rond.

Zie je hoe onze manier van beveiligen niet alleen zorgt voor een nieuwe beweging richting comfort, maar ook telkens een nieuwe tunnelvisie en daardoor beperkt zicht creëert? Het herkennen van een nieuwe bedreiging (waar zich dus ook juist de nieuwe kansen bevinden) wordt daardoor wederom bemoeilijkt. De 'veranderkracht' neemt af. Dit moeten we doorbreken. Door niet in comfort te gaan hangen, maar door warorde een vast onderdeel te maken van onze ontwikkeling worden we niet verrast door verandering, maar jagen we die zelf aan. Door te spelen met de mogelijkheden creëren we nieuwe kansen die we verbeteren en beveiligen, zonder door te slaan in regeldrift. En in plaats van te eindigen in een nieuwe comfortabele situatie houden we ons in beweging met een goede dosis warorde. Hiermee bouwen we aan een nieuw en weerbaar verandercontinuüm.

DE WARORDECIRKEL

'Purpose', zoals we het voor nu noemen, is de basis van de warordecirkel, omdat we daar onze acties en de richting waar we naartoe ontwikkelen aan afmeten. Ik hoop dat er met warorde een staat van Permanent Beta kan ontstaan, waarin we continu in ontwikkeling zijn en ons daarvan bewust zijn. Warorde zorgt voor de energie en de ruimte om te spelen, die weer het vertrouwen geeft om te creëren en het gecreëerde te verbeteren door te delen.

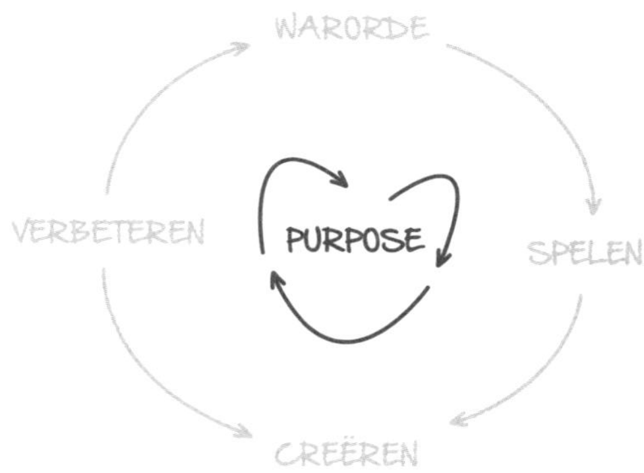

Voor mij is dit in een steeds veranderend speelveld (de wereld) met telkens nieuwe bedreigingen en vooral ook kansen de enige logische werkwijze. Maar om comfort en consolidatie los te laten hebben we wel een alternatief nodig dat voldoende houvast en rust biedt om vitaal te blijven. We zullen een veilige manier moeten vinden om nieuwe en onbekende plekken te onderzoeken, een waarin iedereen de ruimte voelt om te mogen veranderen en met de juiste intenties spelenderwijs aan het hogere doel te werken.

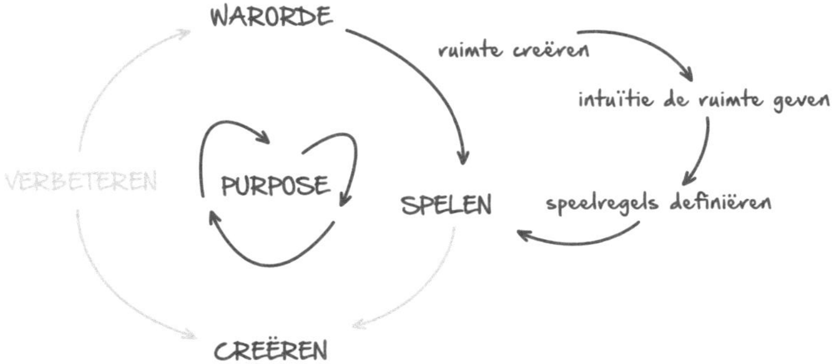

Door met elkaar speelregels te definiëren en met vertrouwen in plaats van wantrouwen veiligheid te creëren leren we onze intuïtie weer toe te laten en durven we weer eens wat te proberen. En ja, bij nieuwe paden en gebieden ontdekken hoort fouten maken. Dus moeten we die mogen maken, helpen we elkaar met opstaan en willen we van elkaars fouten leren zodat we samen blijven ontwikkelen.

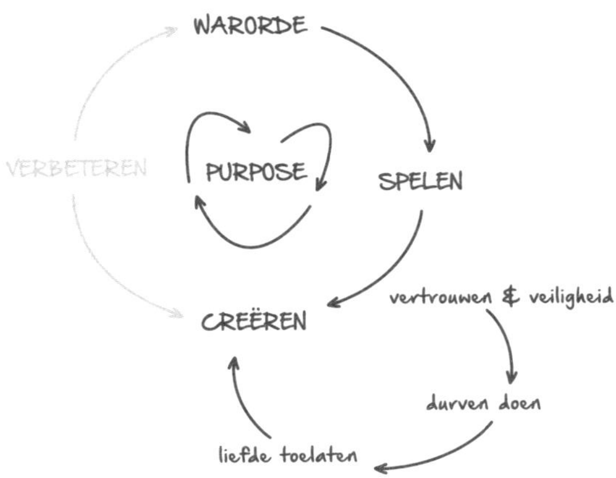

Om deze manier van ontwikkelen gezond te houden dienen we natuurlijk wel het comfort van rust en het gevoel van voldoening te verankeren. Door dit meteen na het creëren te doen en successen eerder te vieren ontstaat er een directe feedbackloop van bevrediging en kunnen we kijken hoe we het nóg beter kunnen doen. Het consolideren gaat van een gestold naar een dynamisch proces.

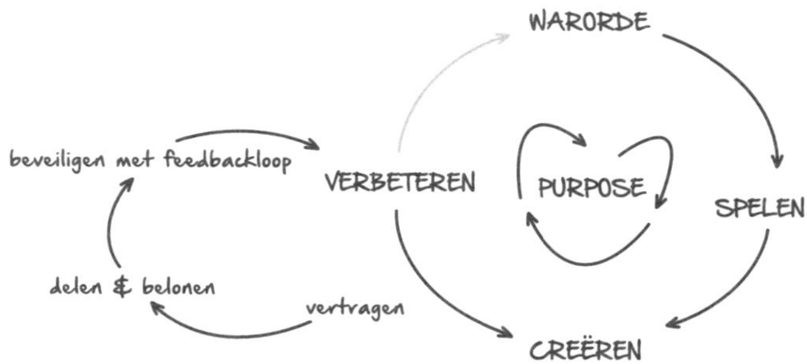

Als we hebben genoten van het nieuw gecreëerde en de beveiliging door het opzetten van feedbackloops, moeten we oppassen voor de mogelijke schijnveiligheid van comfort. We schudden de nieuwe status quo op door onbekende combinaties aan te gaan, deze opnieuw te bevragen en de intentie van onze medespelers te checken. Het warordelijke spel van ontwikkeling kan weer beginnen.

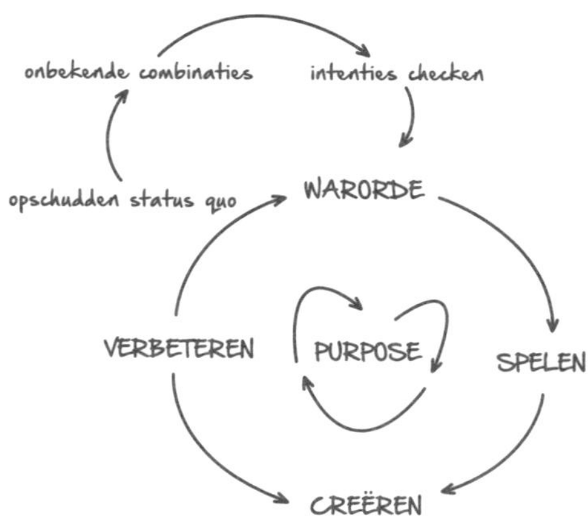

In het nieuwe continuüm vinden we de balans tussen de spanning van de warorde en de ontspanning van het spelen daarmee. We vinden de veiligheid om te creëren en nemen de tijd om te verbeteren. Door een continue nieuwsgierigheid naar nieuwe mogelijkheden blijven we alert en durven we vragen te stellen.

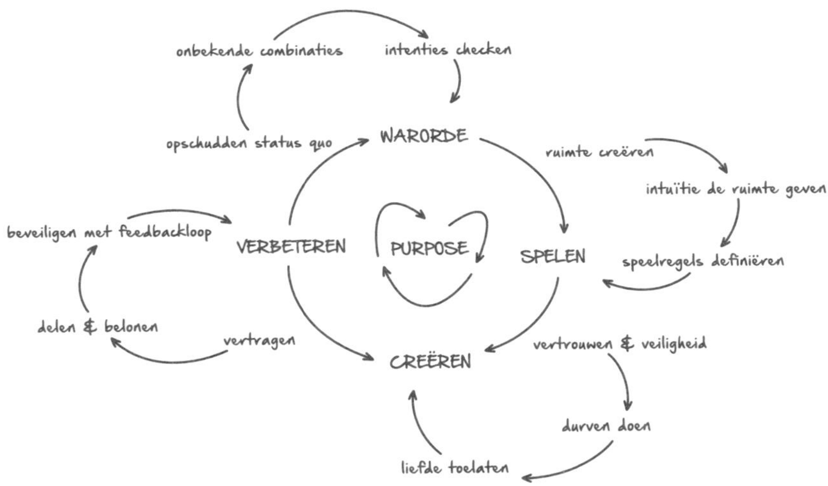

Is het zo makkelijk? Nee, zoals we weten is de praktijk weerbarstig. En een manier van werken, leven of zelfs cultuur waarbinnen alles plaatsvindt, laat zich niet zomaar even veranderen, dat gaat stapje voor stapje en stukje bij beetje.

Zo hebben we ons al gericht op de uitdagingen die op ons afkomen, waarom we die vaak niet zien aankomen en hoe we ze onschadelijk proberen te maken door er nieuwe routines van te maken. Met als gevolg dat we in oude, vertrouwde patronen blijven hangen. Daarom gaan we stap voor stap de valkuilen van de praktijk en de oplossingen van warorde, spelen, creëren en verbeteren doornemen, te beginnen met het creëren van de benodigde ruimte met behulp van warorde.

'Chaos is a friend of mine.'

Bob Dylan, Amerikaans musicus, 1941

3.
WARORDE

In dit hoofdstuk gaan we in op het gebruik van warorde. Hoewel warorde en chaos niet dezelfde dingen zijn, ligt de basis van warorde wel in het toevoegen van een beetje chaos aan de bestaande orde. Er zijn natuurlijk veel situaties waarin chaos voor verwarring zorgt en mensen in paniek raken. Niet leuk, dus dat willen we vermijden. Maar een beetje chaos kan wonderen doen in een situatie die 'vast' lijkt te zitten. Ik denk dat veel mensen meer kunnen als ze een beetje ruimte én een duwtje krijgen.

WARMING-UP

Stel dus dat je (jij of je afdeling, organisatie, bedrijf) je in een situatie bevindt waarin verandering noodzakelijk is. Je merkt dat de boel niet meer 'loopt', mensen zitten vastgeroest in procedures en 'flexibiliteit' is niet het woord waarmee je je collega's, teamleden of medewerkers zou associëren. Neem hen dit niet kwalijk, maar bedenk dat bijna alle organisatievormen en managementtools van de afgelopen honderd jaar a) zijn ontstaan in een tijd dat netwerk en informatie nog niet in overvloed aanwezig waren en b) voornamelijk gericht waren op het verbeteren van bestaande processen. Heel lomp gezegd hebben we mensen opgeleid en organisaties ingericht om hetzelfde heel vaak heel efficiënt te doen. Traditionele hiërarchische structuren zijn handig als informatie *need to know* is en langzaam gedistribueerd mag worden, vaste procedures zijn handig als je met een lage foutmarge steeds dezelfde handeling moet uitvoeren. Maar onze drang naar optimalisatie heeft een heel nare bijwerking: het is een steeds nauwer wordende tunnel waar je in kijkt. Er zijn steeds meer regels, steeds meer procedures en in de tijd die we overhouden, vergaderen we over hoe we die bestaande manier van werken nóg efficiënter kunnen maken. Echter, we hebben ook steeds minder ruimte om te bewegen, laat staan om iets nieuws te proberen. Terwijl dat nou juist is wat je nodig hebt...

Oké, ruimte om te kunnen bewegen hebben we dus nodig, dat hebben we kunnen constateren. En dat is nu precies wat chaos doet: ruimte creëren – witruimte, zoals managementgoeroe Ori Brafman dat zo mooi noemt. In zijn boek *Een goede manager zaait verwarring* (2014) geeft Ori het voorbeeld hoe de pest (extreme chaos) in 1348 niet de ondergang van Europa, maar juist de wetenschappelijke ontwikkeling van ons werelddeel in gang zette. Door het hoge sterftecijfer (zeker onder geestelijken, die vaak aan het sterfbed van de getroffenen zaten) onder de bevolking bleven de kerken leeg en moest men meer progressieve types toelaten. Veel van de nieuwe geestelijken waren afgestudeerd aan de universiteit en velen hingen het humanisme aan. Met de nieuwe geestelijken haalde de Kerk ook de leer van Aristoteles binnen en kon men naar hartenlust rationeel onderzoek gaan doen. Dat was daarvoor ondenkbaar, alles wat er te weten was, stond immers in de Bijbel opgeschreven en al het onderzoek dat iets anders ontdekte, klopte simpelweg niet. Op deze wijze luidde de verschrikkelijke periode van de pest door de wetenschappelijke revolutie een ongekende bloei en welvaart in. Let wel, voor die tijd was Europa zo arm en achtergesteld dat de meer ontwikkelde Aziatische volkeren het bezoeken noch het veroveren van Europa de moeite waard vonden!

Dit is dan wel meteen het meest extreme voorbeeld in het boek van meneer Brafman, en mijn suggestie is ook niet om mensen te gaan elimineren als het niet gaat zoals je wilt! Maar hoe tragisch ook, de chaos van de pest bracht een enorme speelruimte mee die nieuwe zienswijzen, onderzoek en kansen opleverde.

Er zijn natuurlijk allerlei manieren om verandering, of liever gezegd: ontwikkeling, in gang te zetten, maar chaos is een vrij effectieve, heb ik gemerkt. In elk geval buitengewoon veel effectiever dan bijvoorbeeld verandering door het aanpassen (of toevoegen) van regels. De praktijk wijst immers keer op keer uit dat wanneer procedures in botsing komen met de geldende cultuur, de cultuur het meestal wint. Ik heb het dan niet over *minor changes* en *tweaks* in processen, producten en diensten die tegenwoordig ook het label 'innovatie' opgeplakt krijgen. Nee, we hebben het nog altijd over verandering die urgent is of op zijn minst een sterke wil om de zaken echt anders aan te pakken. Begrijp me niet verkeerd, ik snap dat regels op veel plekken noodzakelijk zijn; onze hele maatschappij vertrouwt op regels: verkeersregels, gedragscodes, diploma's voor chirurgen, ze zijn allemaal uiterst nuttig. We moeten op regels kunnen vertrouwen, maar paradoxaal genoeg zorgt onze zucht naar regels op sommige plekken juist voor afname van vertrouwen in de medemens en zijn kunnen.

'Chaos in the midst of chaos isn't funny, but chaos in the midst of order is.'
Steve Martin, Amerikaans acteur en komiek, 1945

WAAROM WARORDE?!

Oké, we willen dus geen totale orde maar ook geen totale chaos. Een begrip dat kan helpen begrijpen waar ik naar op zoek ben, is de term 'hormesis'. Hormesis is in de toxicologie het fenomeen dat een stof die in hoge dosis schadelijk is voor een organisme, bij een lage dosis positieve effecten kan hebben. Vergelijk het met een sporter die zijn spieren traint: door hard te trainen beschadigen de cellen een beetje, waarbij het lichaam overcompenseert en meer cellen probeert te produceren en de spieren sterker worden. Er schijnt zelfs een soortgelijke reactie te kunnen optreden bij psychische stress; in de psychologie noemt men dit verschijnsel posttraumatische groei. Ik vind het fijn om te denken dat ik daaraan lijd. Let wel, hormesis treedt alleen op bij matige stress op spieren en andere delen van een organisme. Bij grote stress of overbelasting ontstaat een giftige werking.

Omdat chaos veel te veel schade ineens berokkent en we een manier zoeken om de gebaande paden te verlaten zonder volledig te verdwalen, realiseerde ik me dat het introduceren van een andere term dan chaos belangrijk was. Niet alleen door de reacties om me heen (chaos is nu eenmaal een heftig ding), maar vooral omdat het woord niet de lading dekt. Bij chaos gaat alles overhoop en kan het kind met het badwater worden weggegooid (en dat is nou ook weer niet nodig). Vandaar warorde: een soort hormesis, maar dan toegepast op mensen en organisaties. Ik heb dit woord gekozen omdat een bepaalde mate van orde noodzakelijk is, maar deze mag af en toe best flink in de war worden gebracht – dus eigenlijk eerst een beetje verwarren om daarna te ontwarren. Net voldoende om speelruimte te creëren en te zien welke tools, regels en procedures opgeruimd moeten worden en waar we behoefte hebben aan nieuwe speeltjes. Bij te veel stress maken we dingen alleen maar stuk en bij comfortabel je oefeningen doen treedt er te weinig verbetering op. Idealiter zorgt warorde ervoor dat de orde nooit helemaal verloren gaat, maar wel urgentie blootlegt. Warorde moet verwondering bieden, urgentie laten voelen, ruimte creëren en intuïtie aanwakkeren en zo zorgen voor creatief en ondernemend (want oplossend) gedrag. Later gaan we in op de prachtige 'bijvangst' van serendipiteit: het zien van nieuwe kansen en het aanboren van de creativiteit die we allemaal in ons hebben door gebruik te maken van onze herontdekte intuïtie. Warorde brengt mens en organisatie in nieuwe situaties en versterkt daardoor het verandervermogen en laat de weerbaarheid toenemen. Laten we eens kijken hoe dat zou kunnen.

'If you try to fail, and succeed, which have you done?'
George Carlin, Amerikaanse stand-upcomedian
en acteur, 1937-2008

WARORDELIJK WEERBAAR WORDEN

Als je denkt dat chaos injecteren om de boel een beetje op te schudden alleen in kleine teams of bedrijfjes werkt, heb je het mis. Op allerlei niveaus kan warorde ingebracht worden. Laten we meteen een reus als voorbeeld nemen, eentje bovendien die stormachtig een deel van het medialandschap aan het veranderen is: Netflix.

Een groot bedrijf als Netflix is er al langer achter dat echte *resilience* (weerbaarheid) bereikt wordt met 'echt' testen. Voor een bedrijf als Netflix, dat onvoorstelbaar hard groeit en afhankelijk is van de betrouwbaarheid van zijn complexe netwerk van hardware en software, zijn papieren procedures niet genoeg. Hoewel er, zoals vaak bij softwareontwikkeling en dus ook bij Netflix, een uitgebreide set aan procedures bestaat om fouten uit te sluiten, worden deze onder druk van deadlines of gebrek aan kennis vaak genegeerd. Het was in 2011 dat Greg Orzell het idee kreeg om dit paradigma te shiften.

Netflix stond voor een grote migratie naar de cloud en Greg begreep dat het gebrek aan focus en de cultuur binnen Netflix een bedreiging vormden voor de betrouwbaarheid van het systeem. In plaats van nogmaals uit te leggen waarom procedures en tests zo belangrijk zijn, bedachten Greg en zijn team dat ze eigenlijk af en toe een aap in het netwerk zouden moeten kunnen loslaten om links en rechts stekkers los te trekken. Maar dan wel een aap die op gezette tijden actief kan zijn en ook een beetje beteugeld kan worden. Het idee voor de Chaos Monkey was geboren en in 2012 werd hij actief. Chaos Monkey is een programma dat random (delen van) servers uitschakelt om zo de weerbaarheid van het systeem te testen. Voor velen klinkt dit als een idioot plan: moedwillig je zorgvuldig opgebouwde netwerk met miljoenen gebruikers frustreren! Voor Netflix bleek dit echter dé oplossing om een cultuur te kweken waarin de ontwikkelaars een heel sterke alliantie zijn gaan vormen in de strijd tegen *outage* en voor een super betrouwbaar netwerk. Netflix noemt Chaos Monkey zelfs zijn effectiefste tool in het verbeteren van de kwaliteit van de service! Inmiddels is er een hele *simian family* met bijna tien Chaos Monkeys actief.

Dit voorbeeld laat een prachtig hormesis-effect door georganiseerde chaos (oftewel warorde) zien. In zijn boek *Antifragiel* neemt Nassim Nicholas Taleb je mee naar een plek voorbij veerkracht of robuustheid. Hij heeft het over een staat waarin je goed gedijt in chaos en er beter van wordt. Taleb heeft daar het woord 'antifragiel' voor bedacht. Iets wat robuust is, wordt er namelijk niet beter op als je het beschadigt, het blijft robuust of gaat stuk. Hij gebruikt het verhaal van het zevenkoppige monster de Hydra uit de Griekse mythologie als voorbeeld. Het verhaal van de Hydra vertelt dat voor elke kop die wordt afgehakt, er twee nieuwe aangroeien. Hoewel bureaucratie ook wel een Hydra lijkt, waarbij voor elke regel die je wilt elimineren er meer terug lijken te komen, voel ik veel voor het concept 'antifragiel' in de context van persoonlijke groei of ontwikkeling. Eigenlijk is het effect dat Taleb beschrijft een vorm van hormesis.

Warorde kan als fantastische 'cultuurblootlegger' fungeren. Hebben mensen iets voor elkaar over? Hoe functioneert de manager van wie je leiding verwacht, neemt hij beslissingen in het belang van het team? Let vooral ook op verwijten maken, wantrouwen en 'theorie boven praktijk' plaatsen; deze zijn als zand in een motor die op volle snelheid moet kunnen draaien. Met andere woorden: een beetje chaos injecteren kan heel verhelderend werken in de observatie van de bedrijfscultuur en het gedrag binnen een team. Natuurlijk zorgt de injectie van chaos zelf ook voor een vertraging. Maar terwijl een ongezonde cultuur de motor lange tijd kan verhinderen op toeren te draaien en er zelfs voor kan zorgen dat deze kapotgaat, zal de injectie van een beetje chaos tijdelijk vertragen om daarna juist soepeler en sneller te kunnen functioneren.

'Waarom wil je weten of er nare elementen aanwezig zijn? Deze horen bij een competitieve cultuur', zou je kunnen denken. Dat mag wel zo zijn, maar de vraag is of dat je gaat helpen als je moet veranderen en het onbekende moet onderzoeken. In essentie komt het neer op veiligheid – de veiligheid om de ruimte te voelen en iets nieuws te proberen. De cultuur binnen een organisatie moet dit kunnen bieden. De basis voor die gezonde cultuur is vertrouwen. In de rest van dit hoofdstuk besteden we ruim aandacht aan het fenomeen vertrouwen en ook aan intentie en intuïtie en vooral hoe die op elkaar inwerken. We bespreken ook andere elementen die je kunt gebruiken om veilig en vruchtbaar van warorde te kunnen profiteren, zoals het belang van een goede observatie en het bepalen van een richting.

'Het is niet zozeer de hulp van onze vrienden die ons helpt, als wel het vertrouwen dat hun hulp ons inboezemt.'

Epicurus, Grieks filosoof, circa 341-270 v.Chr.

VERTROUWEN

Vertrouwen! Wat? Hè? Wat is dat ook alweer, vertrouwen, daar hadden we toch juist regels voor bedacht, zodat we niet afhankelijk zijn van de grillen van anderen? Het klopt dat regels en wetten er voor een deel voor zorgen dat we weten volgens welke normen en waarden we zouden moeten handelen. Maar het lijkt erop dat we af en toe vergeten dat onze hele wereld op vertrouwen is gebaseerd, ook wet- en regelgeving. We vertrouwen erop dat we met elkaar volgens die regels en wetten een situatie creëren waarin we goed kunnen samenleven. We hebben, in combinatie met organisatorische, economische, juridische en medische afspraken, een werkelijkheid bedacht die gebaseerd is op de aanname dat (de meeste) mensen zich aan sociale conventies willen houden. We hebben er eeuwenlang over gedaan om een heel complex en verfijnd web van gedragingen en interacties op te bouwen dat ons in staat stelt met zovelen op deze aarde rond te lopen zonder elkaar continu in de haren te vliegen. We vertrouwen erop dat de meeste mensen ruimte maken voor elkaar op een overvolle stoep, dat auto's niet zomaar van rijbaan verwisselen als je ze inhaalt, dat een groep volslagen onbekenden niet ineens gewelddadig gedrag gaat vertonen omdat ze jou niet kennen. Bijna alles dat we doen, is gebaseerd op het vertrouwen in de wereld en de mensen om ons heen. De ruilhandel was gebaseerd op het vertrouwen dat als iedereen zich door de tijd heen aan de langetermijnafspraken hield, dit meer welvaart voor de hele gemeenschap opleverde. Het blijkt zelfs dat landen waar op basis van vertrouwen handel wordt gedreven, maar waar geen of niet veel rijke grondstoffen zijn, een veel grotere (economische) voorspoed kennen dan landen waar men als het ware boven op de rijkdom zit, maar waar zakendoen op basis van vertrouwen veel minder in de cultuur aanwezig is!

Ik heb jarenlang onderschat wat het effect is van verhalen vertellen en daardoor het opbouwen van mythes en de daaruit voortvloeiende vertrouwenskaders. Inmiddels geloof ik dat we een systeem van vertrouwen in elkaar meer dan ooit nodig hebben. We zullen elkaar verhalen van geloof, hoop en liefde moeten blijven vertellen en dat doen we gelukkig nog steeds. Een voorbeeld uit vele is de fascinerende reeks onlinelezingen van Jordan B. Peterson over het fenomeen 'God' en (het ontstaan van) Bijbelse verhalen. In de tweede *lecture* van de *Biblical series** komt hij met een prachtig voorbeeld van de economische kracht van vertrouwen in de huidige tijd. Het voorbeeld gaat als volgt. Toen eBay geïntroduceerd werd, kwamen er direct allerlei diensten beschikbaar om als *trusted third party* op te treden. Mensen moesten tenslotte weten of ze hun geld of spullen zouden krijgen na zo'n schimmige onlinedeal met iemand die ze niet kennen. Al snel bleek dat er geen business te halen was voor de *middleman*. Men stuurde massaal spullen en geld naar elkaar in het vertrouwen dat de ander zich aan zijn of haar deel van de afspraak zou houden. En wat bleek? In het overgrote deel van de gevallen gebeurde dat ook. Let wel, we spreken 1997, internet stond nog in de kinderschoenen en e-commerce moest nog worden uitgevonden. In één klap kregen duizenden spullen die ergens opgeslagen of in de weg lagen een nieuwe economische waarde door een platform dat bijna frictieloze handel mogelijk maakte op basis van vertrouwen. Het zou een markt van miljarden blijken.

Niet alleen bij het uitruilen van spullen en geld bereiken we door vertrouwen grote dingen. Ook (of zelfs) als het gaat om het uitwisselen van kennis hebben we de afgelopen jaren laten zien waartoe vertrouwen in de *wisdom of the crowd* en het grootste netwerk ooit gebouwd (internet) leiden. Dit prachtige voorbeeld is een dienst die wereldwijd een enorme boost aan de beschikbaarheid van kennis heeft gegeven: Wikipedia. Wikipedia heeft me altijd zeer gefascineerd. Toen ik in 1999 mijn eerste schreden als ondernemer in de wereld van internet zette, had ik nog wel eens discussies op verjaardagen met een

* http://bit.ly/warorde-biblical.

oom van mij. Hij vroeg dan wat ik ging doen als 'dat internet' voorbij zou zijn. Dat klinkt nu natuurlijk belachelijk, maar in die tijd en voor die generatie was dit een heel plausibele vraag. Voor deze zelfde generatie was de ultieme bron van kennis een dure encyclopedie van Winkler Prins of mooier nog: de Encyclopædia Britannica. We kunnen het ons nu moeilijk voorstellen, maar er waren mensen die een dure lening afsloten om een encyclopedie in de kast te hebben staan. Wikipedia is vanaf het ontstaan een bron van zowel inspiratie als irritatie geweest. Hoe konden mensen dit concept van cocreatie überhaupt serieus nemen? Amateurs uit de hele wereld die elkaar vaak nog nooit hebben ontmoet, die zonder centraal aangestuurd te worden en zonder een gedegen opleiding én zonder een centrale, alwetende redactie een encyclopedie gaan schrijven? Waarbij de artikelen ook nog door 'iedereen' aangepast en aangevuld kunnen worden? Wat een belachelijk idee leek dat! Nog altijd zijn er mensen die niet geloven dat Wikipedia ook maar enigszins betrouwbaar kan zijn en zij kijken liever in een twintig jaar oud stuk gestolde kennis. Laten we eens naar de cijfers kijken. De Encyclopædia Britannica (de absolute crème de la crème van de traditionele encyclopedie) werd geschreven door vierduizend auteurs en samengesteld door honderd redacteuren. De encyclopedie werd in de laatste jaren van haar gedrukte bestaan eens in de twee jaar geüpdatet, maar door de hoge prijs kochten mensen die het ervoor overhadden er vaak maar één in hun leven. Wikipedia wordt door honderdduizenden mensen gevuld en geredigeerd, bevat inmiddels duizend keer meer artikelen dan de Encyclopædia Britannica en het zelfreinigende systeem weet foutieve artikelen in de meeste gevallen in een paar uur te redigeren! Er zijn talloze onderzoeken gedaan naar de betrouwbaarheid van Wikipedia en vanaf 2005 geven deze steeds vaker als uitslag dat Wikipedia nagenoeg dezelfde foutmarge heeft als de geprinte versie van Encyclopædia Britannica had. En dat met circa duizend keer meer content!

Het allerbelangrijkste effect hebben we nog niet besproken. Terwijl een geprinte encyclopedie meestal onaangeroerd in de kast stond (hij gaat zo moeilijk mee in je binnenzak), wordt Wikipedia dagelijks door miljoenen mensen geraadpleegd, helemaal gratis! Voor mij is Wikipedia een van de allerbelangrijkste bewijzen dat er ook zoiets als 'prosociaal' gedrag bestaat, en dat biedt veel hoop voor de waarde van de samenkomst van grote aantallen mensen in een netwerk dat met de juiste intentie is opgezet, en waar wél goed is nagedacht over het optuigen van een schaalbaar vertrouwensmodel. Voor de volledigheid voor de professoren en docenten onder jullie: nee, ik vind ook niet dat Wikipedia als enige bron gebruikt moet worden om een wetenschappelijk artikel te schrijven, en ja, er staan onvolledigheden en zelfs fouten in. Maar als startpunt voor een onderzoek is Wikipedia buitengewoon geschikt (net als de traditionele encyclopedie dat was, trouwens).

Vertrouwen is vaak de *firestarter* waarmee samenwerkingen beginnen. Zelfs wereldwijde complexe samenwerkingen kunnen op basis van de juiste intentie en gevat in een paar eenvoudige spelregels een enorme impact hebben. In het boek *The Starfish and the Spider* (2008) nemen auteurs Ori Brafman en Rod A. Beckstrom je mee in de wereld van *leaderless organisations** als de AA, Wikipedia en het Animal Liberation Front, waar intentie en vertrouwen een grote rol spelen. Het belangrijkste punt? Een zeester en een spin lijken in eerste instantie veel op elkaar. Echter, wanneer de kop van een spin (de centrale aansturing) wordt afgehakt, gaat de spin dood, terwijl bij een zeester een

* Paradox: mijn visie is dat de meeste organisaties die zelfsturing een kans willen geven, juist heel sterke leiders nodig hebben.

afgehakte poot gewoon weer aangroeit. Er zijn zelfs zeesterren die nadat deze doormidden zijn gehakt als twee volwaardige zeesterren verdergaan. Net zo kennen decentraal aangestuurde, op intentie en vertrouwen gebaseerde organisaties een veel grotere weerbaarheid.

Voordat we op vertrouwen gebaseerde samenwerkingen van welke omvang dan ook kunnen aangaan, zullen we vertrouwen in onszelf en ons potentiële kunnen moeten ontwikkelen – vertrouwen dat je de beste versie van jezelf al was toen je op de wereld kwam, en dat je onvoorstelbaar veel mogelijkheden en potentie hebt om jezelf verder te ontwikkelen. Ook dit is een verhaal dat je jezelf vertelt, net als alle grote verhalen die de mensheid hebben gevormd. Alleen gaat dit verhaal over jou, en het lijkt me de moeite waard om daar even bij stil te staan. En net als je op jezelf moet durven vertrouwen voordat je iets nieuws, spannends of onbekends gaat doen of ontginnen, geldt dat ook in een situatie waarin je (mede) afhankelijk bent van anderen.

En hoe mooi kan vertrouwen voelen! Ik bedoel het vertrouwen dat je voelt als iemand je advies geeft zónder daar zelf een belang bij te hebben. Het vertrouwen dat van onvoorwaardelijke liefde uitgaat. Het vertrouwen dat je kunt hebben dat iets je gaat lukken, ook al kun je niet goed uitleggen waarom het je gaat lukken (je hebt namelijk nog geen idee hoe je het gaat doen). Het vertrouwen dat mensen je opvangen als het misgaat, dat ze je vergeven als je een fout maakt, dat het allemaal goed komt ook al lijkt het helemaal mis te zijn. Ja, ook (of misschien wel juist) het soort vertrouwen dat je soms moet hebben om erdoorheen te komen. Daarom is die gezamenlijke intentie ook zo belangrijk. Als iemand de juiste intentie heeft (om het goede te doen, in het teambelang, voor het hogere doel), vertrouw ik hem op zijn acties. De richting is duidelijk, de route niet.

TOCH NOG HEEL EVEN OVER REGELS

Onze hele maatschappij is gebaseerd op vertrouwen, en toch gaan we er soms zo weinig respectvol mee om. Volgens mij gaat het mis op het moment dat we regels boven vertrouwen stellen. In de wereld van banken, verzekeraars en nu ook grote techbedrijven als Facebook en Uber lijkt het gemeengoed om ervan uit te gaan dat als iets niet in de wet is vastgelegd als verboden, het dan prima is om te doen, zelfs als een normaal denkend mens dit als oplichting of crimineel gedrag zou bestempelen! Deze ontwikkeling van afnemend moreel besef door alleen naar regels en wetten te kijken is in mijn ogen zorgwekkender dan ooit tevoren. In een tijd (nu) waarin talloze nieuwe ontwikkelingen, van de manipulatie van de natuur (van mens tot plant) tot de ontwikkeling van een bovenmenselijke intelligentie, de ethische en morele vraagstukken complexer maken dan ooit, is kunnen vertrouwen op elkaars morele kompas iets wat we moeten koesteren. We zijn het verplicht aan onszelf, ons intellect en vooral de komende generaties om een tijd van vernieuwd ethisch besef in te leiden.

BLIJF IN BEWEGING

Als de manier waarop je iets kunt bereiken nog niet duidelijk is en je met een aantal mensen moet uitvogelen hoe dit te doen, wordt het een stuk eenvoudiger als iedereen weet wat de richting is waar je naartoe moet. Zeker bij mensen en teams van wie zelfsturend gedrag wordt verwacht, is dit van zeer groot belang. Helaas is dit niet altijd het geval. Sterker nog: daar waar de organisatie groter is en het belang van zelfsturend en taakverantwoordelijk gedrag toeneemt, is de purpose vaker onduidelijk of te ver weg.

Net als het voor de mens als individu soms erg moeilijk is om erachter te komen wat je doel, passie of 'why' is (in feite is het de grootste vraag die de mensheid bezighoudt: het waarom), blijkt dat voor een organisatie ook verdomd lastig te zijn. En net als een mens er vaak pas achter komt wat zijn of haar 'bedoeling' was na talloze reizen, ups en downs en ontmoetingen met en in het leven, kan het voor een organisatie ook een kwestie van zoeken in plaats van bepalen zijn. Zoals wel vaker zit ook dit onderwerp vol tegenstrijdigheden. Aan de ene kant heb je een richting nodig om te volgen en aan de andere kant is het soms alleen mogelijk deze richting te vinden door maar gewoon een kant op te bewegen. Maar één ding is zeker: als we stil blijven staan, gebeurt er waarschijnlijk niets (of je moet een verlichte zenboeddhist zijn). Gebruik de beweging op z'n minst om te ontdekken wat je hogere doel is. Voor grotere organisaties geldt uiteraard dat ze zich niet kunnen veroorloven een (strategische) beweging in te zetten zonder eerst een heldere purpose te formuleren. Wat niet wil zeggen dat ze zich stilstand kunnen permitteren. Het is een kwestie van met urgentie de juiste prioriteiten stellen.

'What we know is a drop, what we don't know is an ocean.'

Sir Isaac Newton, Brits wetenschapper en wiskundige, 1642-1727

HET ONBENUTTE 'WETEN'

Oké, we laten de orde wat los, staan open voor het onbekende en zijn bereid om onze eigen werkelijkheid een beetje (of veel) door de war te schudden. Maar waar moet ik me dan aan vasthouden, welke zekerheid gaat me leiden? Tja, dat weet je niet, of... misschien toch wel?

Met name oosterse volkeren weten het al langer: er is veel meer kennis aanwezig in zaken die wij niet als brein definiëren. Nu hoef je niet meteen mee te gaan met iedere boomfluisteraar, maar als je een kleine (ont)denkoefening voor jezelf doet, kom je vast wel op een voorbeeld van kennis uit de natuur, je lichaam of misschien wel het universum. Het is mijn overtuiging dat er heel veel kennis opgeslagen zit in hoeken waar we meestal niet zoeken. Is alle kennis van de mens opgeslagen in zijn brein? Persoonlijk denk ik dat er veel meer plekken zijn. Uiteraard zit er heel veel kennis in de smartphone, computer en boeken, maar ik bedoel hier het menselijk lichaam. Ongeveer 96 procent van het menselijk DNA wordt beschouwd als 'junk-DNA', omdat daar geen functie aan ontleend kan worden.* Maar is dat wel zo? Zit daar niet heel veel historische kennis, overgedragen van generatie op generatie? Misschien wel kennis over het ontstaan van de mens, of zelfs het leven? DNA is immers de universele code van het leven. Andere gedachte: meridianen zijn energiebanen in het lichaam die volgens de traditionele Chinese geneeskunde Qi (energie) door het lichaam laten circuleren. Het bestaan van deze energiebanen is (nog) niet wetenschappelijk bewezen. Echter, er zijn steeds meer artsen en andere specialisten die overtuigd beginnen te raken van het bestaan van deze onzichtbare netwerken in het lichaam. Acupunctuur zorgt voor het opheffen van blokkades in deze energiestromen. Wie wel eens acupunctuur heeft ondergaan, weet dat dit geweldige resultaten kan hebben. Mijn zorgverzekeraar is er in ieder geval van overtuigd, als ik kijk naar het ruime vergoedingsbeleid op dit gebied. En dan zijn

* Inmiddels duiken er onderzoeken op die aantonen dat er wel degelijk functies in verborgen zitten.

er nog tal van andere methodieken die omstreden zijn, maar voor veel mensen wel werken: shiatsu, yoga, bioresonantietherapie, behandelingen met psychedelische drugs als ayahuasca en noem maar op. We komen er steeds meer achter dat er nog veel meer is om te weten te komen.*

* Fantastische inzichten hierover kun je vinden in het boek *How to Change Your Mind*. Daarin beschrijft onderzoeksjournalist Michael Pollan zijn eigen existentiële ervaringen en onderzoekt de grenzen van wat we begrijpen van de geest, ons bewustzijn en onze plek op deze wereld.

(NIET-)WETENSCHAPPERS?

In onze moderne tijd, waarin we zo ver zijn gekomen met allerhande wetenschappen, valt er nog genoeg onbekends te onderzoeken in het zwarte gat dat chaos heet. In de documentaire *The Most Unknown* geven negen wetenschappers uit de hele wereld die elkaar nog nooit ontmoet hebben om de beurt een inkijkje in hun vakgebied. Ik vond het prachtig om te zien hoe al deze verschillende onderzoekers elkaar vinden op zulke verschillende terreinen. Hoe uiteenlopend hun onderzoeksgebieden ook zijn, ze spreken allemaal dezelfde taal: die van de onvoorstelbaar geduldige en eindeloos nieuwsgierige nerd. Tijdens het bekijken van deze met liefde gemaakte documentaire viel op dat de onderzoekers nóg iets gemeen hebben: ze realiseren zich hoeveel ze nog níét weten! Zo vertelt de microbiologe aan het begin dat er bewijs is voor het bestaan van zo'n 35 biljoen (!) microbiële soorten, terwijl we er nu pas één miljoen kennen. Over zwarte gaten gesproken: de natuurkundige legt uit dat van alle materie die bestaat 85 procent onzichtbaar is voor ons; die heet zwarte materie. De neurowetenschapper is eigenlijk jaloers op alle meetapparatuur die zijn collega's ter beschikking hebben. Hij beschrijft de technologie waarmee zijn onderzoeksteam werkt als met een microfoon op 500 kilometer afstand van de aarde luisteren naar miljoenen mensen die door elkaar heen praten en probeert te horen wat ze zeggen. Het eindeloos experimenteren van deze mensen zorgt telkens dat we een klein stukje van die enorme hoeveelheid onzichtbare informatie zichtbaar maken, en daarmee vaak al gedane ontdekkingen in een heel ander daglicht stellen, die op hun beurt weer nieuwe mogelijkheden blootleggen.

(ALLES-)WETENSCHAPPERS?

Hoewel we vijfhonderd jaar geleden de wetenschappelijke revolutie zijn gestart die onze samenleving enorm veel heeft gebracht, is het dus een feit dat we heel veel nog niet weten. Ook wetenschappers lopen regelmatig in de fuik van de rotsvaste overtuiging dat iets definitief wel of niet kan, en dat dat zo blijft. Een mooie manier om dit te omschrijven is 'de hiërarchie van meningen'* van George Parker, die ikzelf als volgt uitleg. Onder aan de hiërarchie staat de aanname: een idee of gedachte die niet getoetst is. Daarna volgt de mening; dit is een aanname die door een nieuwsbericht, artikel, gesprek of andere input wordt versterkt. Bijna boven aan de hiërarchie van meningen staat de overtuiging: je weet zeker dat dit of dat op dit moment de beste manier is om over iets na te denken of om iets op te lossen. Bovenaan staat het paradigma: we weten zeker dat iets altijd zo zal zijn en kunnen ons geen voorstelling van een andere werkelijkheid maken. Echter, steeds weer komen we erachter dat dingen waarvan we overtuigd waren dat ze onmogelijk waren, toch blijken te kunnen: we vliegen door de lucht, we communiceren met onzichtbare technologie op grote afstand met elkaar, er is gratis kennis voor 'iedereen', we hebben 'lerende' en communicerende auto's en noem maar op. Het menselijk brein (zeker

* *Het Grote Boek van de Creativiteit*, George Parker, Archipel, 2004

als dit met anderen in verbinding staat) heeft een onvoorstelbare creërende kracht getoond, en gecombineerd met de talloze technologische mogelijkheden die beschikbaar komen, betekent dit dat we een tijd van spelen met paradigma's in gaan.

Terug naar het onbenutte 'weten' in jezelf

In mijn leven als 'professional' heb ik genoeg voorbeelden gezien om te veronderstellen dat ook in het organisatorische lichaam dat wij een bedrijf of organisatie noemen, heel veel onbenut potentieel aanwezig is. Er zijn meerdere redenen waarom we niet in staat lijken om dat onbenutte potentieel te bereiken en dus te gebruiken. Een van de situaties die mij regelmatig opvallen, is dat er te weinig gevraagd wordt. Veel aannames worden gedaan over hoe de organisatie iets beleeft of wat mensen (met name lager in de club) denken. Helaas worden aannames te weinig getoetst. En beter nog dan het toetsen van aannames is om voordat je ze doet eens te vragen wat voor ideeën er leven in de hoeken en gaten van je organisatie. Een andere reden voor het inperken van onbenut potentieel kunnen silo's of verzuiling zijn. In onze drang naar orde sluiten we expertise graag op in een duidelijke kolom, terwijl de combinatie van expertises vaak allerlei nieuwe inzichten en oplossingen oplevert! Mijn overtuiging is dat wijsheid, kennis en ervaring, net als energie, moeten kunnen stromen om optimaal benut te worden. Hoe geweldig zou het zijn als we én meer ruimte en vrijheid weten te creëren én tegelijkertijd een hele berg aan onbenutte kennis, combinaties en dus mogelijkheden aanboren?

Warorde kan dan een mooie manier zijn om urgentie te (laten) voelen, ruimte te creëren in de agenda, de praktische kant van mensen te toetsen, de ruggengraat van managers te testen en de heersende cultuur van een organisatie en/of team bloot te leggen. Voordat we echter de veiligheid kunnen voelen om daadwerkelijk te veranderen en al dat onbenutte potentieel te mogen zien en gebruiken, moeten we onszelf, elkaar en de organisatie kunnen vertrouwen. Dat is nogal wat!

Het begint zoals je hebt kunnen lezen met jezelf kunnen vertrouwen. Ik realiseer me dat iedereen daar een eigen pad voor en kijk op heeft. Voor mij is dat pad 'weten' dat je het goede doet in een lastige situatie. Dankzij dat weten kun je erop vertrouwen dat je bij de juiste informatie en handeling van jezelf kunt komen. Laat ik een voorbeeld uit mijn eigen dagelijkse praktijk geven. Bij het geven van een lezing zijn slides met informatie (nee, ik gebruik geen lange teksten en rijen bulletpoints) handig en veilig. De voorbereiding van een lezing is een vreemd ritueel van fantaseren, beelden zoeken, voorbeelden verzamelen en een verhaallijn verzinnen, afstand nemen en weer iets anders verzinnen. De slides bieden houvast voor de lijn van het verhaal en dat is fijn. Helaas beperken ze me soms ook in mijn verhaal. Ik heb mezelf als het ware vastgezet met de regels van de presentatie. Terwijl mee kunnen gaan met de flow van een verhaal, de energie van de zaal benutten en ruimte hebben voor improvisatie dingen zijn die een presentatie naar een hoger niveau kunnen brengen. Erop vertrouwen dat ik bij de juiste verhalen, voorbeelden en quotes kan als ik op het podium sta, is heel moeilijk. En toch voel ik dat juist daar het onbenutte potentieel zit: in het opzoeken van die onzekerheid en mezelf blootstellen aan een situatie die me dwingt tot 'in het moment zijn'. Als ik het gevecht tegen de veilige ankers in mijn verhaal overwin en mezelf toesta om een groot deel te improviseren, heb ik vaak een mijn beste performances. Het dubbele is dat het een niet zonder het ander kan: voorbereiding én loslaten, veiligheid zoeken in ankers én vertrouwen op wat er komt. De truc zit hem voor mij in bewust met het proces bezig zijn en op tijd helemaal durven loslaten.

Misschien heb je voor jezelf ook een voorbeeld dat je helpt om vertrouwen te herkennen; dat kan je helpen in andere situaties. Verwar het niet met nonchalance of hoogmoed, want dat werkt niet lekker in vertrouwen met anderen, zeker niet op de lange termijn.

'De rede biedt ons vele mogelijkheden tegelijk.
Intuïtie kiest daaruit feilloos de beste.'
Arthur Japin, Nederlands schrijver en acteur, 1956

Intuïtie

Met vertrouwen met elkaar om kunnen gaan is in eerste instantie vooral een kwestie van intuïtie. En daar hebben we meteen een fors obstakel te pakken. Zeker binnen professionele verbanden en al helemaal in grote organisaties nemen we geen beslissingen op intuïtie. Traditionele organisaties zijn tenslotte ontworpen om risico en verandering als een virus uit te bannen. Vandaar dat we allerlei assessments hebben ontworpen in de zoektocht naar de ideale teamsamenstelling. Nu wil ik het nut van diepgravende assessments niet ter discussie stellen; zeker de laatste jaren komen er steeds meer *mindblowing* en holistische tests op de markt, en onvoorstelbaar mooie tools om je team door te lichten en/of samen te stellen. Maar intuïtie, dat is niet meteen een argument om bij je manager mee aan te komen om aan te geven dat je die nieuwe *teamplayer* wel vertrouwt.

Maar misschien was het wel helemaal niet zo slim om intuïtie compleet in de ban te doen. Wetenschappers komen er steeds meer achter dat een groot deel van de beslissingen veel automatischer worden genomen door ons lichaam (en onze geest) dan we eerder aannamen. Leonard Mlodinow geeft in zijn boek *Stiekeme signalen* (2013) een indrukwekkend aantal voorbeelden van ons subliminale zelf. Het gaat hier niet over het autonome zenuwstelsel dat vooral de werking van inwendige organen reguleert. We hebben het over zaken waarvan we denken dat we ze bewust doen, maar die we in feite (voor een deel) onbewust afhandelen. Onze hersenen hebben een trucje bedacht om de hoeveelheid informatie die binnenkomt slim te verwerken. De rekenkracht van ons brein is ontoereikend voor de hoeveelheid input en registreert (en onthoudt) niet alle datapunten. Een deel wordt als het ware aangevuld met de meest logische data. Zo kan het zijn dat je denkt iets heel snel te zien of iemand te herkennen, en bij nadere bestudering blijkt dat helemaal niet zo te zijn. Je hersenen hebben simpelweg het meest 'logische' plaatje gemaakt met de beperkte informatie en/of verwerkingstijd die beschikbaar was. Zo gaat het ook met herinneringen, het afhandelen van complexe handelingen (waar eerst veel training voor nodig is) en zelfs het invullen van visuele informatie.

Ook beginnen we erachter te komen dat veel oosterse wijsheden niet per se vanuit een gebrek aan kennis en een overdosis aan fantasie zijn bedacht. Steeds meer ontdekken we dat die wijsheden in de cultuur jarenlang zijn opgebouwd door heel veel oefening, delen van kennis en contemplatie. Een van de belangrijkste erkenningen die we overal om ons heen zien, is dat de conditie van ons lichaam, en vooral hoe senang we ons ermee voelen, een belangrijk onderdeel is van ons geestelijk welbevinden. Daarnaast komen we er steeds meer achter dat we ons niet uit alle situaties kunnen 'denken'. Er is veel meer dan onze gedachtes, sterker nog: het idee dat we onze gedachtes 'zijn', blijkt een giftig concept in een wereld met een overvloed aan data en prikkels. Zelf ben ik ruim 25 jaar geleden in aanraking gekomen met zaken die we nu mindfulness zouden noemen. Yoga, meditatie en bodyscans zijn een vast onderdeel van mijn leven. Wat aanvankelijk een worsteling was, blijkt later ook zegeningen te hebben gebracht. Het doen van allerlei bewustwordingsoefeningen (waar sporten ook onderdeel van is) heeft me het inzicht gegeven dat de potentie die je bezit om met uitdagingen om te gaan vele malen groter is dan de denkprocessen die je op gang kunt brengen. Ik ben er zelfs achter gekomen dat als ik een probleem moet kraken, de oplossing vaak niet komt als ik erover na ga denken, maar tijdens het douchen, tijdens een wandeling of op het toilet (dit laatste schijnt bijzonder herkenbaar te zijn). Sommige onderzoekers durven het zelfs te hebben over 'denken met het lichaam'. Die enorme potentie aan wijsheid in het lichaam (die misschien wel opgeslagen ligt in de 98 procent 'junk-DNA' die niet actief lijkt te zijn) zou je ook intuïtie kunnen noemen. Het gaat hier om een onvoorstelbaar belangrijke skill die we helaas in ons drukke westerse, door ratio gedreven leven jarenlang hebben onderdrukt. Gelukkig zien we steeds meer initiatieven waarmee die bron van wijsheid kan worden aangeboord. Bedrijven die het belang van gezamenlijke mindful rituelen inzien en de opkomst van (yoga)retraites zijn een paar voorbeelden. Mocht je een handige mantra willen die ik jaren geleden voor mezelf heb ontwikkeld, dan kun je deze gebruiken. Er zelf een bedenken is nog veel leuker, maar om te beginnen kan het handig zijn. Vanuit de gedachte dat intuïtie alleen kan floreren door in contact te staan met jezelf (je eigen gevoel) gebruik ik de volgende: 'minder denken, meer voelen'.* Zo simpel? Ja, mijn overtuiging is dat grote veranderingen kunnen beginnen bij een klein zaadje dat makkelijk te planten is.

* Een mooi alternatief kreeg ik van een van mijn meelezers, Anneke Veenendaal-de Kort: 'minder denken, meer weten'. Zodra je daar vertrouwen in hebt, ben je nóg een stap verder.

'A creative man is motivated by the desire to achieve, not by the desire to beat others.'
Ayn Rand, schrijfster en filosofe, 1905-1982

Intentie

Zoals we eerder al een paar keer zagen, is het heel belangrijk om de intentie van je teamplayers te checken. In mijn jaren als manager en ondernemer en nu als sparringpartner is mijn observatie dat het bouwen van een goed team om je heen (of dit nu vast of tijdelijk of zelfs wisselend is) zonder een goed gerichte en gezamenlijke intentie een welhaast onmogelijke opgave is. Dat is vrij logisch. Intentie zegt iets over de reden waarom en de intensiteit waarmee iemand iets doet. Nog vóór opleiding, ervaring en inzicht is de reden waarom iemand ergens aan begint voor mij de eerste vraag bij het samenstellen van een team (of überhaupt bij het samenwerken). Zo kan het zijn dat je briljante mensen om je heen hebt verzameld, een team hebt samengesteld met een uitgebalanceerde diversiteit en alle tools beschikbaar hebt, maar dat het toch niet gaat 'vliegen'. Natuurlijk moet duidelijk zijn waar en met welk doel je werkt. Een 'why' kan ook handig zijn, hoewel deze heel persoonlijk en aan verandering onderhevig is. Maar toch, wat is de echte drijfveer om aan jouw project mee te werken? Dát is wat je wilt weten! Andersom is misschien nog wel belangrijker: waarom werk jij aan een project mee? Dit van tevoren goed checken (voelen) met jezelf kan een hoop verspilde energie en frustratie besparen. Er zijn tenslotte voldoende 'onzuivere' redenen om ergens aan mee te werken. Het project heeft status binnen de organisatie of het ecosysteem waar iemand zich in beweegt. Het is van strategisch belang om in een 'groepje' te zitten: 'Als hij of zij hierbij zit, moet ik er ook bij' (kijk maar eens naar vergaderingen). Zo zijn er tal van, al dan niet politieke, redenen om ergens aan deel te nemen die voor verstoring of in het gunstigste geval ruis in een team kunnen zorgen.

Net als een cultuurkraker kan chaos (of liever warorde) ook helpen de intentie van mensen om je heen duidelijk te maken. Soms is daar een stresstest voor nodig. Een moment waarop of situatie waarin de regels niet meer van toepassing zijn, of bijvoorbeeld een heftige reactie van een collega, kan al veel zeggen over 'hoe iemand in de wedstrijd zit'. Ook in de rest van je leven kan het nagaan van je intentie erg behulpzaam zijn. Men zegt niet voor niets dat je er in oorlog en bij ziekte (of een andere crisis) achter komt wie je echte vrienden zijn...

'One among infinity
Witnessing the majesty
Calm in this humility
Witnessing the majesty
Hope as far as one can see.'
Pucifer, 'Grand Canyon', *Money Shot*, 2015

Observeren

Net als schoonheid voorbehouden is aan de waarnemer ervan (*beauty is in the eye of the beholder*), geldt dat ook voor de effecten van verandering in het gedrag van een mens, team of hele organisatie. Observatie is een kunst op zich en alleen goed uit te voeren als de observant daar ruimte en tijd voor heeft. Observeren kun je leren. Net als veel andere skills is het goed kunnen observeren van een persoon of situatie te trainen. En wie of wat is er nu een beter object dan jijzelf! Hoe confronterend ook, naar jezelf kijken is niet alleen buitengewoon nuttig op het pad van zelfontwikkeling. Het observeren van je eigen gedrag (en dus je reactie op anderen) creëert ook zelfbewustzijn, wat weer aandacht voor je omgeving schept. In mijn geval begint het eigenlijk altijd met confrontatie, met name confrontatie met mijn eigen onhandige gedrag en nare karaktertrekjes. Ik zal je een paar persoonlijke tips geven die mij hebben geholpen bij het ontwikkelen van een beter observatievermogen.

Kijk jezelf nou!

We herkennen het allemaal: de eerste keer dat je jezelf hoort op een bandopname denk je: 'Ben ik dat? Wat een vreselijke stem!' Zo is het ook met video-opnames. Als een lezing van mij is opgenomen, dwing ik mezelf om ernaar te kijken. Ik moet mezelf dwingen, omdat ik het vreselijk vind. 'Wat sta ik daar nou te doen?' denk ik de eerste paar minuten eigenlijk altijd. Maar als ik door de ergernis van mijn eigen maniertjes heen ben, verandert er iets. Ik zie als het ware wat er energetisch met me gebeurt. Waarom versnel ik daar terwijl ik eigenlijk had moeten vertragen in het verhaal? In mijn geval gaat er vlak voordat ik versnel vaak iets niet helemaal goed: een verspreking, een lastige vraag of moeilijk publiek. Natuurlijk heeft dit met onzekerheid te maken en met een al heel lang geleden ontwikkelde reactie van mijzelf op die onzekerheid. De waarneming helpt me echter niet alleen mezelf te ontwikkelen, maar breidt als het ware ook mijn empathische bibliotheek uit. En ook als mijn reactie op anderen te snel is, heeft dit vaak een trigger (onzekerheid), en juist daardoor ben ik beter in staat om gedrag van anderen te observeren. Ik neem meer de tijd en probeer dieper te kijken.

Kijk naar binnen

Een andere tip is: mediteer! En nee, je hoeft niet elke dag een uur in de lotushouding met je handen in een lastige positie te zitten. Meditatie kan ook zitten in dagelijkse handelingen waarbij je jezelf heel bewust observeert – en dan bedoel ik dat je observeert wat er in je lichaam gebeurt en niet wat er in je hoofd omgaat. Tijdens een wandeling van een minuut of twee heel bewust je voeten neerzetten of gedurende een minuut al je aandacht op je ademhaling richten is ook meditatie. Waarom deze vorm van aandacht voor jezelf belangrijk kan zijn? Los van alle positieve effecten op je zenuwstelsel biedt het simpelweg weer even meer ruimte in je hoofd, meer bandbreedte als het ware. Daarnaast train je je lichaam om samen met je hoofd te observeren. (Met) je hele lichaam observeren is echt veel handiger dan alleen (met) je hoofd! Grappig eigenlijk dat we dit concept mindfulness zijn gaan noemen. In mijn optiek is het meer een bodyfulness-manier om meer mind-emptyness te vinden.

'You can't take the effect and make it the cause.'
White Stripes, 'Icky Thump', 2007

De essentie

Wat zit ons het meest in de weg als we iets willen bereiken (behalve onze eigen beperkingen)? Gebrek aan tijd? Aan geld? Aan de juiste tools? Aan de juiste mensen? Ik denk het niet. Ik heb zo'n vermoeden dat het iets anders is, namelijk een gebrek aan essentie. Net als het concentraat van een goede geur de essentie is, mooie ingrediënten de essentie zijn van een fantastisch gerecht, en een originele melodie de essentie is van een prachtig en rijk uitgevoerd muziekstuk, is begrijpen waar het in essentie om draait (of dat nu in je leven, een project of je bedrijf is) van onvoorstelbaar belang. Spelen met je gedachten en je gevoelens door middel van experimenteren en door van de gebaande paden af te gaan, kan je dichter bij je essentie brengen. Jammer genoeg zien we de essentie niet (meer) of durven we simpelweg niet toe te geven dat deze onduidelijk is. Er zijn lef en kwetsbaarheid voor nodig om dat toe te geven. In het professionele leven is dit misschien nog wel lastiger. Die omgeving is misschien niet veilig genoeg en we zijn een groot deel van de tijd bezig met het bespreken en oplossen van de effecten van werken zonder heldere intenties en doelstellingen en zijn daarbij veel tijd kwijt aan bepalen wie wat zou moeten of mogen doen. Er wordt vergaderd, gepraat en geld uitgegeven en het blijkt allemaal zinloos te zijn. Te vaak gaat het om brandjes blussen, gaten dichten of (en dit is de ergste) cijfers beoordelen (die heilige Excelsheets!) die boven het hogere doel lijken te staan. Stel je voor wat het aan tijd, ruimte en energie scheelt als je dat niet meer hoeft te doen! Als de essentie helder is, wordt de oorzaak van veel gedoe duidelijk en kun je dus veel effectiever handelen! Dat zorgt, in combinatie met een groep mensen met de juiste intentie en het kompas in de juiste richting, voor een snelheid van handelen en (co)creëren die onverslaanbaar is.

Let op! Als je aan het spelen bent, is ogenschijnlijke doelloosheid een heel goed idee en vaak zelfs noodzakelijk om tot de essentie te komen. Maar dat is het niet als je elkaars tijd, aandacht en geld gaat opmaken om een gedefinieerd doel te bereiken. Begrijp me goed, spelen mag altijd tussendoor, maar wel als we dat afspreken omdat anders iets echt stuk kan gaan of iemand beschadigd kan raken. En waar soms iets helemaal stuk moet om verder te kunnen komen, is mensen beschadigen gewoon een heel slecht idee. Mensen in je omgeving die bewust de boel lijken te saboteren of alleen maar vertragen zonder iets wezenlijks bij te dragen (je staat versteld van het grote aantal mensen dat hier een salaris mee 'verdient'), hebben óf niet de juiste intentie óf zijn gewoon bang en hebben een beetje hulp nodig. Ontdek je geen energie of wil je in positieve zin veranderen? Beschadigen hoeft niet, geef er gewoon geen aandacht meer aan – dat is toch zonde van je energie.

De essentie van jouw kern (van het leven) is waarschijnlijk iets waar je een groot deel van je leven mee bezig bent om te ontdekken. Prima, lekker blijven ontdekken! De essentie van een project is het doel waarvoor het is opgetuigd, de essentie van een samenwerking is dat je samen meer weet en kunt bereiken, de essentie van een vergadering is dat er puzzelstukjes met elkaar worden gedeeld om de puzzel samen sneller op te lossen, de essentie van processen is om de samenwerking, het project, de puzzel met zo min mogelijk frictie verder te brengen. Hoeveel projecten, samenwerkingen, vergaderingen en processen dienen dit doel in jouw leven? Of werken ze vaak juist contraproductief? Dat is wat er gebeurt als de essentie niet helder (of onderweg kwijtgeraakt) is.

Herkenbaar? Gebruik je intuïtie om te voelen dat iets niet klopt, check de intentie van je medespelers en toon de moed om er iets aan te doen. Het is het waard! Er zijn te veel mensen druk met randzaken zonder dat de essentie (doel, richting, nut) in het oog wordt gehouden. Alles wordt daarna zoveel duidelijker en makkelijker.

'De ergste vorm van ongelijkheid is proberen ongelijke dingen gelijk te maken.'

Aristoteles, Grieks filosoof, 384-322 v.Chr.

CONNECTING THE UNUSUAL SUSPECTS

Het verbinden van het ongebruikelijke (mensen, ideeën, organisaties, technieken, kennis) kan een geweldige manier zijn om én inspiratie op te doen én je neuroplasticiteit wat te stimuleren. Wanneer je het ongebruikelijke wilt combineren, zul je het eerst moeten herkennen. Ook hier geldt dus dat je eigen bewustwording van groot belang is. Als je je leven analyseert, zul je vast constateren dat ook jij de neiging hebt om bubbels om je heen te creëren. Vrienden ken je vaak vanuit je studietijd, van het werk en van sport, en hebben niet zelden ongeveer dezelfde normen en waarden, wereldbeelden, inkomens, vakanties enzovoort. We hebben de neiging om meer van dezelfde muziek op Spotify te beluisteren, meer van dezelfde goede schrijver te lezen en vaker naar dat ene restaurant te gaan. In het onderdeel 'Speel met je brein' (zie p. 100) zien we dat het opzoeken van nieuwe ervaringen heel nuttig kan zijn voor je neurale netwerk. Ook binnen groepen mensen (organisaties/teams) kan het nuttig zijn om ongebruikelijke zaken te mengen. Groepen mensen vormen in feite ook neurale netwerken waarin zeer veel onbenut potentieel zit. Door hiërarchie, vaste processen en verzuiling laten we veel zijweggetjes en potentieel interessante connecties onontdekt.

We hebben kunnen zien dat de valkuil van de 'optimalisatiekoker' altijd op de loer ligt. Om de haverklap horen we dat er weer een bedrijfstak 'gedisrupt' is, of het nu de hotelwereld, de taxibranche, de muziekindustrie of de boekenmarkt is. Meestal gaat het om een speler van buiten de branche die nieuwe technologie (of de mogelijkheden daarvan) op een ander manier combineert met het aanbod en/of de behoefte uit de markt.

Penicilline, Viagra, Coca-Cola, Post-it, de magnetron, klittenband, radioactiviteit en zelfs plastic zijn voorbeelden van toevallige uitvindingen en het maken van nieuwe, onverwachte combinaties. Als we kunnen constateren dat de technologische en biologische mogelijkheden exponentieel toenemen, zouden we dan meer ontdekken door met weinig zaken bezig te zijn en die te optimaliseren? Of zouden we de kansen op nieuwe ontdekkingen vergroten door met verschillende zaken te experimenteren? De vraag stellen is hem beantwoorden. Dit is een van de redenen dat ik een groot voorstander ben van het uitproberen van nieuwe combinaties: combinaties van mensen, informatie, organisaties, machines, muziek. *Connecting the unusual suspects* noem ik dat, met als doel serendipiteit uit te lokken. Het uitproberen van iets nieuws werkt vaak inspirerend, het combineren van het ongebruikelijke leidt soms tot iets heel nieuws!

Een aantal jaren geleden interviewde ik Carel van Sorgen tijdens de Week van de Ondernemer. Carel is een bijzonder gedreven ondernemer die na de verkoop van zijn bedrijf zijn nieuwsgierigheid onder andere voedde met uitstapjes naar andere bedrijfstakken in binnen- en buitenland. Hoewel Carel niet direct op zoek was naar een nieuw bedrijf, kreeg hij na fors wat omzwervingen nota bene op de bloemenveiling in Aalsmeer de inspiratie voor het bedrijf dat nu bekendstaat als 247TailorSteel. Op de bloemenveiling was Carel erg onder de indruk van de logistieke operatie die ervoor zorgt dat bloemen en planten onder enorme tijdsdruk verhandeld worden. De aanvoer, het bepalen van de prijs, de veiling zelf, de overdracht naar de nieuwe eigenaar, het direct op transport krijgen van de goederen: alles gebeurt in de vroege uurtjes heel snel en efficiënt. Carel had jarenlang een bedrijf gerund dat zich onder meer bezighield met staalverwerking in kozijnen en interieurs en probeerde zich voor te stellen wat zo'n geautomatiseerde, logistiek militaire benadering voor de staalverwerking zou kunnen betekenen. Deze gedachtegang was de basis voor het nieuwe bedrijf, waar de frontoffice, die offertes calculeert, bestaat uit computers met slimme software die Sophia heet, en de werkplaats wordt bemand door robots. Terwijl een traditioneel staalbedrijf dagen tot weken bezig is met de offerte, zorgen de algoritmen van Sophia dat men deze bij 247TailorSteel binnen één minuut heeft. Door de efficiëntie van het logistieke proces hebben ze een leveringsgarantie van 99,7 procent en het komt regelmatig voor dat er wordt geleverd in de tijd dat een ander nog bezig is met de offerte. Door zich onder te dompelen in nieuwe werelden en nieuwe combinaties aan te gaan wist Carel in een traditionele bedrijfstak meerdere disruptieve innovaties te ontwikkelen.

THE STRENGTH OF WEAK TIES

In 1973 kwam Mark Granovetter, een Amerikaanse socioloog, met een ongebruikelijke theorie die hij *the strength of weak ties** noemde. In een sociologisch onderzoek stelde hij zichzelf de vraag hoe mensen met een goede baan aan die baan zijn gekomen. Hij onderzocht vervolgens de structuur van de sociale netwerken van deze mensen. Wat bleek? De banen werden meestal onder de aandacht gebracht (en soms actief verbonden) door persoonlijk contact. Niets geks tot nu toe. Echter, dit gebeurde niet door de contacten die het dichtst bij de persoon stonden, maar juist door contacten op afstand! Recenter onderzoek met veel meer data bevestigt Granovetters stelling: de meest onverwacht waardevolle banden zijn de zwakkere. Hoe komt dat zo? Eigenlijk is het vrij logisch als je erover nadenkt. Groepen mensen (vrienden, collega's) die elkaar vaak spreken, delen meestal dezelfde verhalen, grappen, ideeën en aannames. Maar hoe verder naar de buitenkant van je netwerk iemand zich bevindt, hoe groter de kans dat hij je iets nieuws vertelt.

* Mark S. Granovetter, 'The strength of weak ties', *American Journal of Sociology*, mei 1973, http://bit.ly/warorde-strength.

Doordat ik op onverwachte plekken kom, kom ik ook regelmatig onverwachte (en fantastische) initiatieven tegen, bijvoorbeeld van mensen die tegen de stroom in een probleem oplossen dat anderen allang hebben opgegeven. Vaak is er sprake van *connecting unusual suspects*. Zo kwam ik tijdens de Blockchaingers Hackathon een uitzonderlijk iemand tegen: Diem Do van Codegorilla, een kleine, bescheiden dame met heel veel in haar mars. Het idee is eigenlijk heel simpel: er zijn mensen die nooit aan een baan komen én er is een groeiend tekort aan programmeurs. Laten we dat eens combineren! Codegorilla is een organisatie die mensen volgens de bootcampstijl leert coderen, en wel mensen die daar anders absoluut niet voor in aanmerking zouden komen. Ze pakken het zogenaamde 'granieten bestand' (mensen die volgens het systeem echt geen werk meer kunnen krijgen) van gemeenten en leiden deze mensen na een strenge selectie van een maand in drie maanden op tot programmeurs. Slagingspercentage: circa 75 procent. Kosten: zesduizend euro. Het mooie is dat de overige 25 procent door de ervaring ook een veel grotere kans op een baan heeft gekregen.

De belangrijkste quote in het gesprek dat ik met Diem had: 'Iedereen zei dat het niet kon...' Ondanks het geweldige effect van hun acties, waarbij mensen niet alleen een baan maar ook hun eigenwaarde en een professioneel leven en sociale netwerken terugvinden én de gemeente geld bespaart op heel korte termijn, moeten Diem en haar collega's regelmatig vechten om de betrokken overheidsmensen te overtuigen. Niet omdat de resultaten niet voor zichzelf zouden spreken; er is inmiddels volop bewijs dat de methode werkt. Nee, het past niet in de huidige processen... Daarnaast: angst voor het falen van zo'n idioot idee zit diepgeworteld bij de overheid.

Dit is maar één voorbeeld, maar wat zou er allemaal mogelijk zijn als we wat meer speelruimte zouden creëren voor dit soort fantastische initiatieven? Diem heeft volgehouden, maar er zijn genoeg redenen te bedenken waarom ze had kunnen opgeven.

Speelruimte creëren voor het connecten van unusual suspects

Hoe doorbreken we muren die ons in de weg staan om de ongewone connecties aan te gaan? De meeste muren zijn artificieel: bureaucratie, hiërarchie, afdelingen en expertisegebieden kunnen sterke onzichtbare muren optrekken. Het hokjes denken en -organiseren kan als groot nadeel hebben dat we niet willen dat anderen zich met ons hokje bemoeien. Of als we dat wel willen, dat we ons niet met andere hokjes mogen bemoeien. Het afbreken van de muren gaat niet vanzelf. Mensen moeten geholpen en gestimuleerd worden om elkaar vragen te stellen en samen te werken. Wil je het organisatiebreed aanpakken, organiseer dan eens een hackathon. Hoewel hackathons (of hack days, hackfests of codefests) zijn ontstaan in de software- en computerwereld, kan het concept ook goed gebruikt worden in andere disciplines. Het idee is dat er in een aaneengesloten periode (bijvoorbeeld 48 uur) met grote focus door een multidisciplinaire groep mensen een specifiek probleem opgelost wordt (of een stuk code gebouwd). Zelf heb ik een aantal keren een hackathon mogen begeleiden en mij valt, naast de enorm effectieve kracht van de gezamenlijke sprints, telkens weer de grote hoeveelheid 'bijvangst' op. Door zeer diverse teams met een heel gerichte focus een tijd achter elkaar in één ruimte (of in ieder geval in één gebouw) te plaatsen, ontstaat er altijd iets bijzonders! Niet alleen de ideeën worden creatiever en diverser, ook in de onderlinge verhoudingen ontstaan nieuwe dynamieken. Serendipiteit gegarandeerd! (Zie daarvoor verderop in dit hoofdstuk.) Nog een voordeel: naast veiligheid (het is vaak een experiment) zijn intentie (met een helder gezamenlijk doel), vertrouwen (anders kom je nergens in zo'n korte tijd) en vrijheid (binnen de opdracht heerst duidelijk mandaat om op eigen inzicht te ontwikkelen) belangrijke ingrediënten.

KENNISDEELTJESVERSNELLER

Bij Permanent Beta hebben we ook een vorm gevonden om 'traditionele' organisaties te laten profiteren van de geweldig creatieve denkkracht van de zwerm 'slimme gekkies' (liefkozend noemen we onze geweldige mix van mensen vaak zo). Tijdens een van de Permanent Beta-events brengt een organisatie een vraagstuk in. Een denktank van maximaal twintig heel verschillende mensen helpt onder begeleiding van een moderator de organisatie aan veel en goede, diepgaande ideeën om het vraagstuk aan te pakken. Het leuke is dat het een feest voor iedereen is! De vragende partij keert huiswaarts vol inspiratie (en met volgeschreven flip-overvellen, geeltjes, cartoons, foto's en/of films) om het vraagstuk onorthodox op te lossen. De helpers in de groep vinden het geweldig om te kunnen helpen met het oplossen van complexe puzzels, zeker als die de wereld een beetje fijner of mooier kunnen maken! Niet zelden ontstaan er creatieve concepten en nieuwe samenwerkingen tijdens en na een labsessie. Doordat het concept eenvoudig, speels en losjes georganiseerd wordt en voor een groot deel op serendipiteit leunt (vrij kunnen associëren op de ideeën van anderen lijkt een van de krachtigste onderdelen), blijkt het juist voor grote organisaties enorm nuttig. Zo hebben onder andere Artsen Zonder Grenzen, de politie, Defensie, Staatsbosbeheer, Alliander, het ministerie van Binnenlandse Zaken en de NOS met veel succes gebruikgemaakt van onze kennisdeeltjesversneller, zoals ik Permanent Beta graag noem.

Andere ideeën? Probeer het eens zelf door bijvoorbeeld een filosofieavond, een middag knutselen met 3D-printers of een foutenfestival te organiseren. Er zijn ongetwijfeld nog veel meer en creatievere concepten te bedenken en alleen dat is al een brainstorm waard. Hoe leuk is het om samen tot een geweldig nieuw, gewaagd idee voor een experiment te komen? Ga samen experimenteren om nieuwe samenwerking en het experiment ruimte te geven! Wil je het meteen nog groter aanpakken, probeer als CEO, bestuurder of ondernemer dan eens een onorthodoxe samenwerking uit. Er is vast wel een kunstproject, een maatschappelijk doel of een sportevenement waar een collaboratie met jullie expertise minstens zoveel waard is als sponsoring én veel spannender en zeker leerzamer is. Wellicht is er binnen je organisatie wel onontgonnen gebied (een braakliggend terrein of misschien wel brak terrein) waar ruimte voor een gewaagde aanpak is.

Werken met unusual suspects

Het schijnt dat toen Steve Jobs werd gevraagd naar zijn grootste verdienste bij Apple, hij niet de iPod, de iPhone of de iPad noemde, maar het samenstellen van het juiste team met mensen. Ik geef direct toe dat ik een groot Applefan ben en dus de neiging heb om aan dit soort verhalen veel waarde toe te dichten. Maar ik weet na het lezen van zijn biografie en het bekijken van verschillende documentaires over zijn leven ook dat hij een vreselijke vent was, voor wie ik zelf nooit zou hebben kunnen werken. Toch zullen ook de meest verstokte 'foutlook'- en 'pauperpoint'-gebruikers moeten erkennen dat wat Apple gedaan heeft erg bijzonder is. Er zijn al talloze verhalen geschreven over de waarde van Apple, de invloed van de iPhone, de geweldige gebruikersinterface enzovoort, maar ik vind het heel bijzonder dat als je zulke iconische apparaten en vernieuwende diensten weet te introduceren, juist de samenstelling van het team daarvoor zo belangrijk was.

De kracht van zijn teams was niet alleen dat hij het schijnbaar onmogelijke eiste van uiterst talentvolle mensen, maar ook dat hij een enorme diversiteit in zijn teams waarborgde. Nu weten we allemaal dat diversiteit belangrijk is; een monocultuur binnen je team leidt sneller tot *groupthink* en *biasbuilding* en is dodelijk voor creativiteit. Steve ging wel wat verder dan dat. Hij was een man met uiteenlopende interesses. Zijn interesse in kalligrafie en design combineerde hij met een fascinatie voor computers. Hier lag de basis voor de bewierookte intuïtieve gebruikersinterface en het design van apparaten die er tot dan toe uitzagen als suffe kantoordozen, uitsluitend verkrijgbaar in een onbestemd beige kleurtje. Uiteraard waren er meer mensen bezig met een betere gebruikersinterface en Jobs raakte 'geïnspireerd' bij een bezoek aan Xerox. Maar de combinatie van zaken die nooit eerder gecombineerd waren, speelde een belangrijke rol in het succes van veel van zijn producten en diensten. Apple is vanaf het vroege begin een mix geweest van technologie, design, kunst, marketing en psychologie. In zijn teams wist hij heel verschillende disciplines te combineren die een extreem sterke focus op het einddoel hadden. Hieruit blijkt weer dat de intentie waarmee dingen worden gedaan heel belangrijk is. Je kunt heel verschillende mensen in heel verschillende disciplines onder heel grote druk voor een ogenschijnlijk wispelturige man laten werken en toch een geweldig resultaat behalen.

Een andere belangrijke combinatie is die van mislukkingen en succes. Apple én Steve Jobs hebben misschien nog wel meer mislukkingen dan successen voortgebracht, maar ze hebben wél talloze mogelijkheden onderzocht in een nieuw speelveld van technologie en daarin risico genomen met een enorme portie visie.

De bereidheid om fouten te maken, risico's te nemen en het onmogelijk geachte na te streven zijn allemaal belangrijk in het gevecht tegen de geldende paradigma's. Moet je dan per se fouten maken? Nee, natuurlijk niet. Maar de bereidheid om fouten te maken en fouten niet te vergeten maar te koesteren als een leermoment is een zeer belangrijk onderdeel van je houding. En je gaat ze toch maken, dus kun je je er maar beter een beetje goed over voelen.

'Aim for the moon. If you miss, you may hit a star.'
William Clement Stone, entrepreneur,
filantroop en auteur, 1902-2002

RICHTING, GEEN ROUTE

Hoewel ik een groot voorstander van het experiment ben, ik van mening ben dat er te weinig chaos gebruikt wordt en ik me graag laat verrassen door een nieuwe situatie, geloof ik ook dat 'doelloos' rondzwerven voor de meesten van ons niet de juiste weg is. Als je niet weet waar je heen moet, is de kans groot dat je de verkeerde kant op loopt. Als je niet weet wat je wilt hebben, is de kans groot dat je het verkeerde vraagt. Als je niet weet waar je gelukkig van wordt, is de kans groot dat je de verkeerde dingen gaat doen. We weten het allemaal wel, maar we vergeten het zo snel in de orde van de dagelijkse prioriteiten.

Ik zeg wel eens: 'Als ik struikelend de goede kant op beweeg, ben ik nog altijd sneller op de juiste plek dan dat jij de verkeerde kant op rent.' Een purpose is, zoals we weten, van primair belang. Sterker nog: ik ben ervan overtuigd dat in de zeer nabije toekomst teams met een heel sterke visie en focus, maar weinig vaste structuur, die al 'klooiend' en experimenterend in het 'hoe', gemiddeld beter af zullen zijn dan teams die het 'hoe' en 'wat' helemaal geoptimaliseerd hebben in processen en regels, maar niet goed weten 'waarom' ze aan het werk zijn.

Het lijkt een beetje op *De reis om de wereld in 80 dagen*. De technologische innovaties van de negentiende eeuw maakten het mogelijk om steeds sneller te reizen. Verne speelde in zijn verhaal in op deze ontwikkelingen. De hoofdpersoon Fogg gaat de weddenschap aan dat het mogelijk moet zijn de wereld rond te reizen in tachtig dagen – een in die tijd haast onmogelijke opgave. Door gebruik te maken van de oplossingen die in de verschillende situaties het best blijken te zijn én bereid te zijn van het originele plan af te wijken, is Fogg in staat om zijn doel te bereiken. En dat terwijl hij wordt tegengewerkt door een Britse rechercheur, hij ook nog een goede daad verricht (hij redt de mooie, jonge weduwe Aouda van verbranding) én beloond wordt door de magie van serendipiteit (hij trouwt later met Auoda).

Wat heeft dit te maken met de situatie waar wij ons nu in bevinden? Welnu, Fogg weet wat de bedoeling is, namelijk in tachtig dagen om de wereld reizen. Het is niet eerder gedaan; dat is iets waar we steeds vaker mee te maken gaan krijgen. Mensen om hem heen geloven niet dat dat kan en gaan zelfs een weddenschap aan. Hij heeft een plan, maar gaat er flexibel mee om en kiest wisselende oplossingen. Hij blijft het menselijk 'goede' doen (redt een leven terwijl er eigenlijk geen tijd voor is). Uiteraard wordt hij tegengewerkt door de wet (laten we de rechercheur zien als metafoor voor de handhaver van regels, of dat nu de ICT-beheerder, de procesmanager of de bureaucratie is). En als overkoepelende les: de reis is belangrijker dan de bestemming, maar zonder duidelijke bedoeling was het nooit gelukt.

Terug naar de cirkel

Door de purpose (het hart van de cirkel), de urgentie en het perspectief van spelen in de gaten te houden kun je jezelf in de warordecirkel houden, in plaats van te vervallen tot de comfortcirkel.

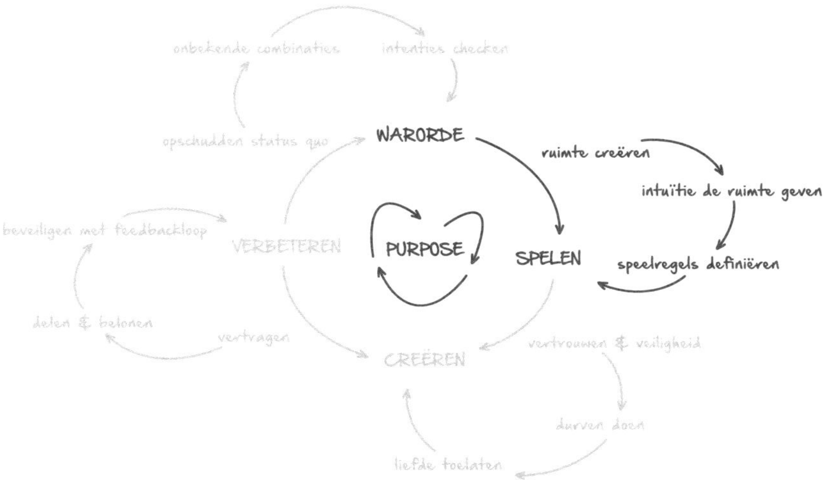

Genoeg warordelijk ruimte gecreëerd, geobserveerd en nagedacht over de richting? Dan is het nu tijd om te spelen!

'Spelen is een bezigheid die men niet ernstig genoeg kan nemen.'
Jacques-Yves Cousteau, marineofficier, ontdekkingsreiziger en onderzoeker, 1910-1997

4. SPELEN

Het allermooist van een leeg doek is dat het alle ruimte biedt om helemaal opnieuw te beginnen, vind ik... Maar ik ben erachter gekomen dat alle ruimte krijgen om iets opnieuw uit te vogelen en 'systeemloos' te werk te gaan ook heel ongemakkelijk kan zijn. Zoals we eerder hebben geconstateerd, is het niet per se zo dat ruimte creëren op zichzelf voldoende is voor mensen om die ruimte ook in te nemen. Urgentie, perspectief, veiligheid en vertrouwen spelen allemaal een rol. Daarvoor zetten we warorde in, want dan ontstaat er ruimte. Maar hoe zorg je ervoor dat je die ruimte inneemt? Dat je je niet laat afschrikken door al die ruimte en mogelijkheden? Dat de angst om iets fout te doen je niet verlamt? Gelukkig hebben we allemaal ooit leren spelen, al zijn we vergeten hoe het moet. Met de volgende ingrediënten kun je jezelf en anderen helpen het spelen te herontdekken en daardoor te leren het nieuwe te ontdekken en het onbekende te omarmen.

ZOEK DE LEEGTE

Om het onbekende te herkennen moeten we ook weer helemaal terug naar het niets, het stilstaan, of, zoals gezegd, het 'vervelen'. Je vervelen is gek genoeg een belangrijke basis van creativiteit. Volgens de oude Grieken is het heelal niet ontstaan door de oerknal, maar door chaos, en er zijn kenners die zeggen dat ze daarmee de leegte bedoelden. Je zou kunnen stellen dat leegte de maximale ruimte is die er bestaat. Of dat zo is, weet ik niet. Wat ik wel weet, is dat je eerst naar de leegte moet teruggaan om die vervolgens met nieuwe probeersels te kunnen vullen.

Terwijl kinderen vanuit verveling de leukste activiteiten bedenken, hebben volwassenen vaak een extra prikkel nodig; we noemen dat inspiratie. Jezelf prikkelen is heel belangrijk om nieuwe dingen aan te durven en uit te proberen. Dat zit zo.* In ons hoofd hebben we een complex neuraal netwerk waarvan we naarmate we ouder worden bepaalde verbindingen optimaliseren en andere afsluiten. De belangrijkste ontwikkeling vindt plaats in de jeugd, als de groei van synapsen (die een belangrijke rol in de verbindingen hebben) het sterkst is. In de eerste zes levensjaren vindt er een bijna explosieve groei van nieuwe verbindingen plaats. Deze overvloed wordt daarna snel afgebouwd door de actieve verbindingen te versterken en de ongebruikte te elimineren. Deze drie fases worden ook wel 'vroege ontwikkeling', 'tijdelijke redundantie' en 'selectieve stabilisatie' genoemd. Het lijkt erop dat de rijke fantasie en creativiteit die veel jonge kinderen laten zien, te maken heeft met de grote hoeveelheid verbindingen in het neurale netwerk. Maar dat geldt ook voor snel afgeleid zijn en allerlei prikkels toelaten.

Ik vind het geweldig om te zien hoe het associatieve brein

* Mijn ziekte gaf mij de prikkel om te gaan lezen over de werking van het brein. Ik wilde weten wat er met me aan de hand was. Hoewel er nog altijd heel veel onbekend is over de werking van die magische bloemkool in onze schedel, komen er de laatste jaren door technieken zoals CT, PET, MRI, fMRI en EEG veel nieuwe inzichten bij.

van een kind allerlei onverwachte combinaties maakt, zowel tijdens het spel als tijdens het observeren van de omgeving. Het is jammer dat we al snel in ons leven minder actieve verbindingen in onze hersenen hebben en daarmee een deel van onze capaciteit onbenut laten – dit uiteraard om evolutionair zeer praktische redenen, want we moeten nu eenmaal gedrag dat voor meer veiligheid zorgt optimaliseren. Continu afgeleid zijn en telkens proberen om met allerlei soorten gereedschap een spijker in een stuk hout te slaan is bovendien tijdrovend en buitengewoon onhandig. Als je heel lang iets hetzelfde doet, kan dat voor grote efficiëntie zorgen, want je wordt ergens steeds beter in. Tegelijk kan het proces van het optimaliseren van een beperkte groep neurale verbindingen echter leiden tot iets wat wij 'conditionering' noemen. Je zou kunnen zeggen dat de verbindingswegen in de hersenen zo vaak gebruikt zijn dat de afslagen naar andere wegen overwoekerd zijn geraakt. Het wordt dan steeds lastiger om die te vinden en weer in te gaan. Mede daarom vinden we veiligheid in vaste rituelen en vertrouwen in een bekende omgeving. Het ontdekken en betreden van nieuwe wegen lijkt welhaast onmogelijk. Stel je dit eens voor in een construct waar veel 'geconditioneerde' breinen moeten samenwerken, een organisatie van wat voor soort ook. Het is dan geen wonder dat binnen organisaties waar mensen zijn opgeleid om voor een langere periode een procedure keer op keer nauwgezet uit te voeren, verandering het lastigst is.

SPEEL MET JE BREIN

Waar we ten eerste al tegen aanlopen, is dat, hoewel verandering in onze maatschappij zich in een steeds sneller tempo lijkt te ontwikkelen, het leeuwendeel van de bevolking is opgeleid en getraind om relatief goedkoop, zo efficiënt mogelijk, repeterende handelingen te verrichten. We hebben als het ware massaal de neurologische huishouding van onze innerlijke snelwegen versterkt en veel van de kleine, spannende paden naar onbekende gebieden afgesloten. Het slechte nieuws is dat we daardoor voor een deel verleerd zijn om te leren. Het goede nieuws is dat er zoiets bestaat als neuroplasticiteit. Kort uitgelegd is dat het vermogen om op latere leeftijd nieuwe verbindingen aan te gaan. Zo is er een patiënt bekend bij wie een deel van het centrale gezichtsveld was uitgevallen na een infarct van de visuele cortex en die toch weer leerde lezen door zijn ogen op andere punten in de tekst te focussen. Bij deze en andere voorbeelden van geweldige resultaten wordt vaak gebruikgemaakt van een bewuste strategie om gedrag van de patiënt aan te passen, om op deze manier de plasticiteit van de hersenen te stimuleren.

Voor de minder acute gevallen lijkt het redelijk eenvoudig om het aanmaken van nieuwe verbindingen te stimuleren in het dagelijks leven. Zo schijnt een kleine wijziging in je dagelijkse routine, zoals een andere route fietsen, de neuroplasticiteit al te kunnen stimuleren.

Laten we eens kijken wat voor mogelijkheden we verder op een dag hebben. De start van de dag, zeg maar de eerste dertig tot zestig minuten, vormt een belangrijk ritueel. Bewust of onbewust vinden we hier de manier om te 'jumpstarten', of dat nu is omdat we de kinderen naar school moeten brengen of zo min mogelijk tijd willen besteden aan het ontbijt. De uitspraak *win the morning so you can win the day* is voor mij bijvoorbeeld een heel belangrijke mantra geworden. Mensen met aanleg voor depressie moeten juist niet in hun bed blijven liggen (hoewel elke vezel in het lichaam vraagt om de buitenwereld niet in te hoeven) maar de dag 'aanvallen'. Ik heb dus een heel strak ritueel voor de eerste vijfenveertig tot negentig minuten. Een van de voordelen van het ontwikkelen van gewoonten voor zaken die je tóch wilt doen, is dat ze dan veel minder energie kosten.* Niet alleen omdat datgene wat je in je ritme wilt 'inslijten' dan minder van je 'weerstandsreserve' afsnoept, maar ook omdat je er echt energie mee bespaart. Zo'n 20 procent van je lichaamsenergie gaat namelijk naar de hersenen en dat is best fors. Een significant deel van je cognitieve vermogens gaat naar het nemen van beslissingen. Veel beslissingen die ons bezighouden, zijn van redelijk triviale aard: wat zullen we vanavond eten, zal ik nu of straks boodschappen doen, zal ik wel of niet gaan sporten? Hoewel we een groot deel van die repeterende taken toch een keer moeten doen, zijn we bewust of onbewust een deel van ons brein aan het belasten met twijfelen erover.

Na de start van de dag zijn er nog tal van mogelijkheden om onszelf een beetje te 'randomizen' (waarmee je dus nieuwe verbindingen in je hersenen stimuleert). Neem bijvoorbeeld een keer de trein in plaats van de auto, fiets of wandel die andere route, probeer eens een andere manier van mail afhandelen uit, vraag aan anderen of ze een slimme app voor je weten, probeer in een vergadering andere vragen te stellen, of als je veel aan het woord bent, test dan je luistervaardigheden, vraag iemand wanneer hij voor het laatst iets voor het eerst heeft gedaan (en begin bij jezelf).

Thuis aangekomen pak je bijvoorbeeld een boek in plaats van voor de tv te belanden (of andersom) en neem dan vooral een boek dat een heel ander onderwerp bespreekt dan waar je normale interesse ligt. Kook iets heel anders dan normaal, repareer iets waarvan je dacht dat je dat niet kon, probeer een

* Probeer vooral niet te veel ineens te doen; 'crash diets don't work'. 'Micro-habits' kunnen je helpen om met minder energie je gedrag positief te veranderen. Meer weten? Check http://bit.ly/warorde-habits1 en http://bit.ly/warorde-habits2

instrument te bespelen. Doe sowieso meer met je handen en niet alleen met je hoofd, want uit (post-mortem)onderzoek is gebleken dat mensen die veel met hun vingers werken rijkere vertakkingen en grote volumeverschillen in het aantal synaptische verbindingen hebben.

Het conditioneringsproces is evolutionair uiteraard van nut. Vooral groepen zenuwcellen die synchrone activiteit ontwikkelen, hebben een grote kans onderling sterke verbindingen te vormen en dat is onder andere van belang bij het onder de knie krijgen van een complexe vaardigheid, maar ook om de stortvloed aan informatie die de hele dag op ons afkomt te kunnen afhandelen. Zoals gezegd geloof ik sterk in het creëren van gewoonten. Mijn punt is alleen dat we ons bewust moeten zijn van het effect van *doing the same thing over and over again*, om daar vervolgens heel selectief mee om te kunnen gaan. Optimaliseer je beste gewoonten en creëer daarmee ruimte om flexibel te kunnen zijn in de steeds wisselende situaties die op je afkomen.

'Better open minded than empty headed.'
Auteur onbekend

ZET JE VERWONDERING AAN

Als je je brein weer aan het spelen hebt gekregen, is er ruimte voor spelenderwijs leren, ofwel verwondering. Een van de mooiste dingen van een spelend kind is de verwondering die je op zijn gezicht ziet verschijnen. Die staat van zijn leren we als we ouder worden snel af; alles om ons heen is immers te rationaliseren door het afmeten van nut (in tijd, geld, bezit, cijfers). Dat is zonde, want verwondering triggert een hele set andere reacties, soms lichamelijke, vaak geestelijke. Het mooist is de reactie van 'opengaan', nieuwsgierig worden naar wat er voor je neus gebeurt en wat er dan allemaal nog meer zou kunnen!

Als spreker heb ik moeten leren dat er overal en in elke situatie iets bijzonders kan zitten: een verhaal dat wacht op ontdekking of waardevolle verbanden die niemand ziet en die alleen maar blootgelegd hoeven te worden. Mijn manier om weer verwonderd te raken was om het kind in me weer toe te laten. Nu zullen veel mensen om me heen het idee hebben dat ik het kind in me nooit heb weten te temmen, want ik kan nog wel eens onbesuisd – of beter enthousiast – ergens in gaan. Maar voor mij geldt: alles beter dan al die mannen die ik vanaf hun veertigste terminaal serieus heb zien worden. Het grootste gevaar van wijsheid is dat je het denkt te bezitten, probeer ik mezelf altijd voor te houden. We maken onszelf tijdens ons leven tenslotte van alles wijs, laten we het dan vooral niet al te serieus nemen. Het erkennen van de waarde van 'kinderlijke' eigenschappen heeft me op meerdere manieren geholpen. Niet alleen heb ik daardoor een veel beter gevoel over mijn jeugdige gedrag, maar ik kan ook het kind in mezelf steeds beter inzetten. In de praktijk betekent dat voornamelijk dat ik probeer mijn nieuwsgierigheid te trainen, want nieuwsgierigheid is een belangrijke eigenschap waardoor we als mens ooit zijn gaan ontdekken en leren. Omdat we snel geneigd zijn in onze aannames te gaan geloven, denk ik dat het goed is om nieuwsgierig te blijven naar het alternatief, datgene wat de status quo ter discussie stelt. Paradigma's moeten tenslotte verschoven kunnen worden.

Ik heb allerlei manieren ontdekt waarop ik de verwondering in mezelf een beetje levend kan houden en nieuwsgierig blijf zodat ik nieuwe kansen kan blijven ontdekken. Er zijn vast talloze manieren waarop jij dat bij jezelf kunt aanwakkeren. Dit proberen te ontdekken is op zichzelf al een fantastische oefening. Laat je niet tegenhouden door de serieuze 'zombiebrigade' die zich soms om je heen lijkt te bevinden. Een aardige oefening kan zijn om eens te kijken welke suggesties in dit boek weerstand bij je opwekken en die juist te proberen. Probeer die weerstand om te zetten in nieuwsgierigheid; wellicht is dat een heel bijzondere les voor je. Ik zal je op weg helpen met wat voorbeelden die na het doorbreken van de aanvankelijke weerstand vaak voor hele fijne ontdekkingen kunnen zorgen:

- Mediteren stom? Probeer het eens!
- Yoga raar? Je wordt er wel lekker flexibel van!
- Klassieke muziek saai? Zet gewoon een keer op!
- Die collega heeft vast niets toe te voegen? Vraag het eens!
- Die persoon op die netwerkborrel lijkt je een eikel? Start een gesprek!
- Dat eten bestel je nooit? Probeer het eens!
- Chaos injecteren idioot? Een klein beetje warorde aan je dagelijkse routine toevoegen kan wonderen doen!

'Het is niet moeilijk het goede te herkennen, maar wel het in daden om te zetten.'

Confucius, Chinees filosoof, 551-479 v.Chr.

THINKING OUT OF SOMEBODY ELSE'S BOX

Een heel goede manier om nieuwe dingen toe te laten is bij iemand anders gaan kijken. Leentjebuur spelen is slim als je diep verwikkeld zit in je eigen specialisatie. Het kan tenslotte erg lastig zijn als je al jaren een expert bent op een bepaald gebied en je zoekt de verbetering door diep in het konijnenhol van je eigen expertise te duiken. Af en toe moet je uit dat hol omhoogkomen en kijken wat er om je heen gebeurt. Niet voor niets komen de al vaak genoemde voorbeelden* van disruptie uit het 'niets' een bestaande markt in. Laten we eens kijken naar een paar voorbeelden van nieuwe combinaties die bestaande experts in staat stelden om hun speelveld radicaal te verbeteren.

Wat de operatiekamer van een pitstop kan leren

Een heel aansprekend voorbeeld vond ik in het boek *Shortcuts* van Shane Snow. Hierin geeft hij het voorbeeld van het Great Ormond Street Hospital, een kinderkliniek in Londen. De strekking van het fascinerende verhaal is als volgt. Op de afdeling waar men hartoperaties uitvoerde, kampte men met een groot aantal sterfgevallen. Bestudering van de processen toonde aan dat de problemen zich voordeden tijdens de overdracht tussen de operatiekamer en de intensive care. Het risico van het openen van een kleine kindertorso en het repareren van een kinderhart is al enorm, maar na de operatie moet het medische team alle apparatuur waar het patiëntje aan verbonden is tweemaal verplaatsen: één keer van de operatietafel naar een transportbed en daarna van dat bed naar een bed op de intensive care. Het hele proces nam circa vijftien minuten in beslag en bood voldoende mogelijkheden om de fout in te gaan, niet alleen tijdens het verplaatsten van de patiënt en alle apparatuur, maar vooral de kennisoverdracht bleek zorgwekkend. Wanneer de genuanceerde en zeer specifieke kennis die men tijdens de operatie opdeed verloren ging tijdens de overdracht, had dat vaak complicaties tot gevolg. Jarenlang probeerden de teams, uitgeput na een marathonoperatie, de overdracht te verbeteren. Wat bleek? Niet alleen bleven de problemen bestaan, maar 30 procent van de overdrachtsproblemen werd

* Airbnb is geen hotelketen maar een website, Uber is geen taxibedrijf maar een app en Amazon is geen winkel maar een platform.

veroorzaakt door én apparatuur én informatiefouten. Men ging dus dubbel de fout in.

Op een dag, na langdurig opereren, ploften twee vermoeide artsen, Martin Elliot en Alan Goldman, op de bank voor de televisie voor een pauze. Wat ze nog niet wisten, was dat die korte pauze alles in het ziekenhuis zou veranderen. Toen de twee gingen zitten, was er een Formule 1-race op tv. Na een tijdje gekeken te hebben hoe de coureurs met snelheden van meer dan driehonderd kilometer per uur hun rondjes draaiden, gebeurde het. Toen een van de wagens voor een pitstop binnenkwam, realiseerden de artsen zich dat de pitstop als concept vrijwel identiek is aan de 'handover' die zij in het ziekenhuis uitvoerden. In minder dan zeven seconden (inmiddels is het record 1,92 seconde) demonteerde de pitcrew de banden, vulde de tank bij en monteerde vier nieuwe banden en was op tijd uit de weg toen de racewagen wegscheurde. Deze manier van werken, alsof die was gecontroleerd door een centraal brein, liet het team van het Great Ormond Street Hospital eruitzien als een stel apen die elkaar dingen probeerden af te pakken.

De artsen belden een Formule 1-team. Het Ferrariteam bleek direct bereid om hun proces getailleerd te demonstreren. Bij de demonstratie viel het ziekenhuisteam een aantal zaken op. Terwijl zij de verrassingen al werkend flexibel probeerden te managen, oefende de pitcrew elk mogelijk scenario net zo lang totdat het een gewoonte werd. Het Ferrariteam zorgde altijd voor veel ruimte tussen de verschillende teamleden, maar het operatieteam liep elkaar eigenlijk constant in de weg. Dit kwam, zo verklaarden ze, door de kleine ruimte waarin ze moesten werken. Maar de pitcrew van zo'n twaalf volwassen kerels met grote gereedschappen kon op een net zo kleine ruimte razendsnel handelen zonder dat iemand een ander in de weg liep! Het volgende dat opviel, was het gebruik van de *lollipop man*, degene die het overzicht hield door van een afstand de hele operatie te overzien. Alleen als híj het signaal gaf, mocht de Formule 1-wagen wegrijden. In het ziekenhuis was een kamer vol artsen, verplegers en anesthesisten, maar geen lollipop man. Iedereen deed wat hij had geleerd en probeerde simpelweg zo goed mogelijk zijn werk te doen. Als laatste viel op dat de Ferraritechneuten hun werk deden zonder te praten. Dat was een groot contrast met het ziekenhuisteam, want de overdracht na de operatie ging juist gepaard met heel veel gepraat. Niet alleen praatte men voortdurend over wat men aan het doen was, maar men kletste ook daadwerkelijk de hele tijd.

Terug in Londen huurden de artsen een danschoreograaf in om ieders bewegingen te oefenen en ze maakten wat meer ruimte rond de werkplaats bij de operatietafel. De overdracht werd omgetoverd tot een routine, waarbij ieder teamlid een voorgeschreven set acties kreeg. Allerlei scenario's werden in kaart gebracht. Het hoofd anesthesie werd de lollipop man en iedereen hield zijn mond. Na lange tijd zag het Great Ormond Street Hospital de fatale fouten tijdens de overdracht verminderen met 66 procent!

Nieuwe combinaties binnen je eigen organisatie

Binnen je bedrijf uit een andere box denken kan natuurlijk ook. Een techgigant als Google gebruikt enorme hoeveelheden energie, niet alleen om de servers draaiende te houden, maar vooral om de rijen met serverracks te kunnen koelen. Al jaren zijn de beste engineers bezig uit te vogelen hoe de koeling van de serverparken beter en efficiënter kan. Van het bouwen van eigen energiezuinige servers,* het investeren in groene energie† en de locatie van de datacenters‡ (in de buurt van

* 'Aangepaste, zeer efficiënte servers bouwen': http://bit.ly/warorde-google1

† 'Powering the internet with renewable energy': http://bit.ly/warorde-google0

‡ 'Koeling met water, niet met koelers': http://bit.ly/warorde-google2.

koelwater): al tien jaar heeft dit onderwerp de aandacht van allerlei knappe koppen binnen Google. En hoewel alle inspanningen voor een *state of the art* energiemanagement hebben gezorgd, was het vooral een pad van incrementele verbeteringen. Echt grote doorbraken bleven uit. Totdat men in 2016 op het idee kwam om het in 2014 aangekochte bedrijf Deepmind* los te laten op het probleem. Deepmind is een bedrijf dat zich specialiseert in het ontwikkelen van zelflerende algoritmen en *machine learning*-systemen (kunstmatige intelligentie), die onder meer ingezet worden om de medische wereld verder te brengen, Androidtelefoons beter laten presteren en het spel Go te leren spelen.† Na ongeveer zestien maanden geleerd te hebben van alle data in de koelingssystemen kon het machine learning-systeem zelfstandig aanpassingen doen. Na acht maanden in allerlei omstandigheden te hebben gedraaid bleek dat de 'AI' 30 tot 40 procent energiereductie wist te bewerkstelligen. Een spectaculair resultaat, vooral gezien het feit dat het systeem al als uiterst sophisticated werd beschouwd door experts in het veld.

'To have joy, one must share it. Happiness was born a twin.'
Lord Byron, Engels dichter, 1788-1824

SAMEN SPELEN

Je kent het liedje wel: 'Money makes the world go round'. En ja, soms lijkt het wel of we alles doen om geld te kunnen verzamelen. Economie lijkt over niets anders dan geld te gaan,

* 'DeepMind AI reduces Google data centre cooling bill by 40%': http://bit.ly/warorde-deepmind..

† Op Netflix kun je de fascinerende documentaire *AlphaGo* bekijken, die dit proces in beeld brengt.

bedrijven lijken vaak alleen maar bezig te zijn met winst uitgedrukt in geld, overheden zijn bezig met budgetten en ook op verjaardagen zijn de grootte van de auto, de kostbare vakantie en de waarde van de baan of het bedrijf voor sommigen de belangrijkste gespreksonderwerpen. Ook ik heb mezelf in het verleden kunnen betrappen op de gedachte dat bezit en de hoogte van mijn inkomen welhaast de belangrijkste drijfveren waren voor alles wat ik probeerde te doen. Geld is een raar ding: het bezit ervan betekent niets behalve de mogelijke toegang tot zaken die we (denken te) begeren en de zekerheid die we (soms) nodig hebben. Toegang tot belangrijke zaken kun je echter op vele andere manieren krijgen. In onze wereld begint met name door de digitalisering (iets wat ons een overvloed aan veel zaken verschaft) toegang belangrijker te worden dan bezit. Ik hoef geen grote collectie dvd's of videobanden meer aan te leggen om geweldige films, series en documentaires te kunnen zien, geen kasten vol cd's te hebben om heel veel muziek te kunnen beluisteren, en (uiteraard) geen dure encyclopedie aan te schaffen om informatie te kunnen opzoeken. Het mooie is dat we niet alleen het vruchtgebruik van deze zaken kunnen hebben, maar ook het onderhoud (de updates) wordt voor ons gedaan. Slapend groeit onze bibliotheek met liedjes, artikelen, films, api's, spamfilters en handige tools en hacks. Niet alleen digitale zaken als informatie en software zijn praktischer om niet in bezit te hebben, ook materiële zaken komen steeds meer in de deeleconomie terecht: auto's (SnappCar, Car2go, Greenwheels, Uber), huizen (Airbnb, Roomorama, FlipKey), computers (cloud), lampen (Philips) en werkplekken (Spaces, Seats2meet, Serendipity Labs). Het principe is natuurlijk zo oud als de historie van de mens, al zeggen wij 'delen is het nieuwe hebben'. Jeremy Rifkin heeft over dit fenomeen in 2001 al een geweldig boek geschreven, getiteld *The Age of Access.*

We zijn opgegroeid met de macht van bezit. Degene die het land, het geld of de machines bezit, heeft de macht. Tot voor kort zeiden we zelfs graag: 'Kennis is macht.' Tot voor kort, want internet heeft het schijnbaar onwrikbare geloof daarin aan het wankelen gebracht. Het lijkt er nu op dat degene die kennis deelt een grotere autoriteit kweekt dan degene die dat niet doet. Dat is niet vreemd en ook niet nieuw. Een fanbase opbouwen als artiest is bijvoorbeeld verdomd lastig als je je werk niet deelt. En er zijn meer redenen om je kennis te delen. Natuurlijk zijn voor een artiest (schrijver, spreker, wetenschapper) het bereik, de bekendheid en het daarbij horende succes van belang, maar er is nog een belangrijke reden om te delen: leren. Ik leer als spreker het meest door mijn inzichten, gedachten en kennis te delen. En dan leer ik niet alleen over mijn kennis, maar ook over de manier waarop ik die het best kan overbrengen. Het geven van lezingen fungeert als een slijpsteen voor mijn kennis en vaardigheden. Een spel in je eentje spelen kan een beetje saai en steeds hetzelfde zijn, maar samen spelen kan voor zeer veel nieuwe inzichten en een versnelling van ontwikkeling zorgen.

De opensourcegemeenschap heeft al langer geleden begrepen dat je veel sneller kunt ontwikkelen als je deelt. Opensource ontstond in 1998 als reactie op de free-softwarebeweging (die meer politiek en sociaal/filosofisch gedreven is). Bij opensource-ontwikkeling staat de broncode (source) open voor ontwikkelaars om te verbeteren. De verbeteringen worden vervolgens weer beschikbaar gesteld voor de community. De opensourcegedachte heeft ons inmiddels veel moois gegeven: niet alleen krachtige software als Linux (de basis van onder andere Googles Android-besturingssysteem), maar ook opensourcekennis als Wikipedia, opensourcefarmacie (zie bijvoorbeeld de Tropical Disease Initiative), opensourcehardware (Arduino, Rasberry Pie, 3D-printers), een opensource-auto (Oscar) en zelfs opensourcebier! Veel mensen denken dat opensource gelijkstaat aan gratis, maar dat is een misvatting. Allereerst hoeft opensource niet te betekenen dat alles openstaat voor iedereen. Soms worden delen (van de code, of van kennis) beschikbaar gesteld zodat én de community er voordeel van kan hebben én de ontwikkeling van een bepaald onderdeel sneller kan gaan. Daarnaast kunnen er tal van commerciële diensten om een opensourceproduct heen worden gebouwd. In het geval van WordPress is dat software om websites mee te bouwen die zelfs onder de GNU General Public Licence wordt gepubliceerd (en dus volledig vrij is): er zijn ontelbare zzp'ers, mkb'ers en grote bedrijven die miljoenen aan omzet genereren met het ontwerpen van templates en het bouwen en ondersteunen van plug-ins en het hosten van de meest complexe websites en shops.

Naast het gezamenlijk ontwikkelen van ideeën, software, diensten en producten is het delen van toegang tot die zaken ook sterk in opkomst. Diensten, apps en websites als SnappCar, Peerby, Spotify, Airbnb, Github en Instructables.com zorgen voor krachtige netwerken waarin talloze tastbare en digitale zaken gratis of tegen betaling gebruikt kunnen worden. Makerspaces vormen werkplaatsen waar 3D-printers, lasercutters en ander mooi gereedschap tegen een bescheiden vergoeding gebruikt kunnen worden. In Silicon Valley heb ik een bezoek gebracht aan Biocurious, een deellab voor biohackers! Zelfs brute rekenkracht, grote hoeveelheden opslagruimte en algoritmen die naar kunstmatige intelligentie neigen, worden door cloud-computing bereikbaar voor iedereen met een computer. De 'deeleconomie', zoals we een deel van deze ontwikkelingen noemen, maakt op grote schaal vruchtgebruik mogelijk zonder dat bezit vereist is. Naarmate iets gedigitaliseerd is (en dus vaak van schaarste in overvloed komt), kan het nog veel makkelijker onderdeel van de deeleconomie worden; (re)productie en distributie zijn immers eenvoudig en goedkoop.

Zo zien we dat informatie van relatieve schaarste naar absolute overvloed is gegaan, dat krachtige software wordt gedeeld, en zelfs dat machines niet meer in bezit hoeven te zijn. Het enige dat je echt moet hebben om van deze enorme potentie gebruik te maken, is een gezonde portie nieuwsgierigheid en de wil (en een beetje lef) om de mogelijkheden uit te vogelen.

EEN MOOI SPEELTERREIN

'Het gaat er niet om wie je bent, maar wie je kent.' Dit hoorde ik vroeger (en soms nog steeds) op netwerkgelegenheden. En hoewel ik het een verschrikkelijk zinnetje vind, zit er natuurlijk een kern van waarheid in. Terwijl ik mezelf nooit als een netwerker heb gezien (in de *old boys network*-zin van het woord), begrijp ik dat de netwerken de interessantste speelterreinen zijn waar je kunt delen.

Laten we wat verder inzoomen op de netwerkeffecten van delen. Internet is natuurlijk een groot web van delen (en consumeren). Punten van het netwerk die niets delen, zijn al snel geen interessant onderdeel van het web meer. Ze worden niet meer bezocht, niet meer gebruikt en sterven in een eenzaam hoekje af. Natuurlijk zijn er de punten die consumeren, maar die zijn alleen interessant om iets aan te 'verkopen'. En als deze passieve bezoekers niets consumeren behalve onze kennis, noemen we hen 'lurkers'. De term 'lurking' verwijst naar 'op de loer liggen'. Ook prima, mensen die op de loer liggen, kunnen op een gegeven moment geactiveerd worden als relevante kennis wordt gedeeld.

Delen is dus essentieel in een netwerk, en nu we in een netwerkmaatschappij zijn terechtgekomen waarin internet, blockchain, internet of things en kunstmatige intelligentie alles aan elkaar lijken te knopen, krijgen we te maken met krachten van een heel andere orde. Waarom? Omdat de wetten van de economie herschreven worden.

Om dit ten volle te kunnen begrijpen dienen we een van de belangrijkste netwerkeffecten onder de loep te nemen, een die aantoont dat het toevoegen van punten aan een netwerk met terugwerkende kracht de individuele waarde van die punten kan doen vermeerderen. Dit effect staat op gespannen voet met de wetenschap van de economie, die de kracht van schaarste en de verdeling daarvan onderzoekt. De wet van Metcalfe* omschrijft dit effect op een prachtige manier. Die wet luidt: de waarde van een netwerk neemt kwadratisch toe met het aantal aangesloten apparaten. De impact van een netwerk is het kwadraat van het aantal 'nodes' (punten); een netwerk van tien aangesloten punten heeft een waarde van honderd. Een veelgebruikt en grappig voorbeeld is dat van de fax. De allereerste persoon met een fax had een heel duur maar waardeloos apparaat, want hij kon met niemand faxen. Naarmate het aantal faxen in het netwerk groeide, werden de al aanwezige faxen in het netwerk meer waard. Inmiddels blijkt deze wet niet alleen van toepassing te zijn op netwerken met apparaten maar ook op netwerken van (actieve) mensen. Volgens Robert Metcalfe (de naamgever van de wet) zal de waarde van een netwerk toenemen met '$V \times n\ (n-1)$', waarbij de 'V' staat voor de 'oorspronkelijke waarde van het netwerk' en 'n' voor het aantal gebruikers. In het voorbeeld van de fax is het ook opmerke-

* http://bit.ly/warorde-metcalfe

lijk dat terwijl de fax met terugwerkende kracht meer waard werd in het netwerk, de kostprijs ervan telkens omlaagging! De dynamiek van digitalisering heeft de fax op haar beurt vervolgens weer achterhaald én tegelijkertijd dit effect op talloze plekken doen toenemen.

De waarde die Metcalfe zo mooi heeft weten te vangen is een van de redenen dat er zo onvoorstelbaar veel in platformen wordt geïnvesteerd. Jarenlang verlies wordt door bedrijven als Uber, Airbnb en Amazon voor lief genomen. Geweldige 'gratis' producten en diensten van bijvoorbeeld Google worden je aangeboden. Dit allemaal in ruil voor de (potentiële) waarde van het netwerk (en jouw aandacht en data uiteraard).

Welke lessen kunnen we trekken die belangrijk zijn voor het dagelijkse leven? Als eerste dat het belangrijk is dat je een netwerk eerst voedt om het goed voor je te kunnen laten werken. Wanneer je je kennis deelt en mensen in het netwerk helpt met waardevolle inzichten, zullen ze jou eerder helpen of aanbevelen bij een ander.

Een tweede les die we kunnen trekken is dat het niet alleen belangrijk is om je netwerk te vergroten, waardoor de waarde toeneemt, maar ook dat je je realiseert dat er in een netwerk altijd knooppunten zijn waar veel connecties samenkomen. Door niet alleen kennis te delen maar ook veel verschillende connecties aan elkaar te knopen, word je zelf zo'n knooppunt. Iemand die niet alleen connecties maar ook knooppunten aan elkaar verbindt, noemen we vervolgens een superknooppunt. Belangrijk in dit geheel is dat je je bewust bent van het feit dat netwerken weliswaar overvloedig aanwezig zijn en daarmee distributie van jouw kennis, inzichten en waarde 'gratis' kan worden ingericht, maar dat je net als bij elke andere distributie 'dragers' nodig hebt die de content van a naar veel brengen. Die dragers zijn jouw connecties en de connecties van die connecties die het de moeite waard moeten vinden om te distribueren. Je zult dus moeten bedenken op welke manier het netwerk voor jou het beste werk kan doen. Gaat het je om zo veel mogelijk zichtbaarheid? Dan kan het helpen om van alles te bloggen, vloggen en roepen. Realiseer je alleen dat zichtbaarheid niet hetzelfde is als waardevolle verbindingen en dat de distributie van iets wat echt belangrijk is kan stokken omdat men gewend is aan een veelheid van oppervlakkige informatie.

Als laatste denk ik dat er zoiets als asynchrone wederkerigheid bestaat: je doet aan de ene kant iets om te helpen en vanuit een heel andere kant komt er iets waardevols jouw kant op.

'Don't let the suit keep wearing you.'
Eigen verdraaiing van een zin uit
'The Gentle Art of Making Enemies' van Faith No More

DE AMATEUR VERSUS DE EXPERT

Nieuwsgierigheid is een van de belangrijkste eigenschappen van de mens, daar ben ik van overtuigd. Nieuwsgierigheid zorgt ervoor dat we telkens zoeken naar nieuwe wegen, nieuwe oplossingen, nieuwe ervaringen. Nieuwsgierigheid laat ons uitproberen, onderzoeken en ontdekken. Nieuwsgierigheid – letterlijk: op zoek naar iets nieuws – is iets wat je nog niet kent, wat je nog moet leren. Hoe gaat dat dan als je een deskundige op een bepaald gebied bent, hoe kun je dan in hemelsnaam toegeven dat je iets niet weet? Het oude gezegde luidt niet voor niets 'een deskundige is iemand die je vertelt waarom iets niet mogelijk is'. Deze idee-fixe is fnuikend voor de nieuwsgierigheid die we in dit tijdsgewricht nodig hebben. Extra jammer dat we zo weinig ruimte lijken te krijgen voor onze 'on-wetendheid'.

Het lijkt soms wel alsof de maatschappij ruimte heeft voor grofweg twee rollen: voor jou als professional, en voor jou als 'gewoon' mens. De professional leeft volgens de regels die hij geleerd heeft om het predicaat professional te mogen dragen. De professional neemt soms beslissingen en onderneemt acties die de 'gewone' mens nooit zou overwegen. De professional laat daarom soms een deel van zijn 'zijn' thuis. Onmogelijk natuurlijk, want we nemen onszelf overal mee naartoe. Maar toch zie ik mensen veranderen wanneer ze hun rol als professional aannemen, soms als er een uniform bij hoort, soms als het gebouw waar de taak van de professional uitgevoerd dient te worden wordt betreden. De een verandert maar een beetje (en gelukkig zijn er ook die niet veranderen), de ander lijkt een metamorfose te ondergaan. Er is niets mis met jezelf oppeppen, *in the zone* komen of wat dan ook. Vaak is het ook een goed idee om niet je hele rugzak met emoties open te gooien als je aan het 'werk' bent. We verwachten van de agent dat hij consequent is, het is fijn als de leraar zijn slechte humeur thuislaat en een half depressieve leider zal weinig inspirerend overkomen. Maar de rugzak helemaal thuislaten werkt ook niet. Op enig moment kom je jezelf tegen, en anderen dus ook...

Kijk maar eens om je heen. Hoeveel schade wordt er niet aangericht doordat we noodzakelijkerwijs onze empathie uitschakelen? Iedereen heeft wel een ervaring met 'de gemeente' waarbij een handeling een tegenwerking leek, zo onvoorstelbaar niet uit te leggen, en die ook echt onlogisch bleek. Onmenselijke beslissingen die een politicus moet uitvoeren bij bijvoorbeeld uitzettingen, waarbij hij na zware publieke druk zijn eigen ik mag laten spreken en 'de hand over het hart' haalt (als ware hij een koning die een misdadiger spaart).

Uit eigen ervaring weet ik hoe pijnlijk het is als medewerkers van een bank, die toch vooral klantvriendelijkheid en servicegerichtheid willen uitstralen, je keihard laten vallen als je dankzij een faillissement even wat minder interessant voor hen bent. Ik kreeg in plaats van mijn vertrouwde contactpersoon een nieuwe accountmanager toegewezen, met wie de communicatie opmerkelijk traag, pijnlijk onpersoonlijk en onzorgvuldig was. Mensen die tegen hun natuur in moeten handelen, meten zich de houding aan van een harde en weinig empathische professional. Het is heel vervelend om te merken dat er een soort psychologische oorlogsvoering op je wordt losgelaten. Dat werkt ook contraproductief: mijn welwillende, meewerkende houding veranderde in een 'ik zal het onderste uit de kan halen bij die k-bank'-houding. Ze verloren hiermee razendsnel een ambassadeur met een groot (en snelgroeiend) netwerk die samen met de bank jarenlang echt leuke dingen in de gemeenschap had ondernomen. Ik heb me vaak afgevraagd wat er zou zijn gebeurd als ik géén alternatieven had gehad om geld te verdienen, me te ontwikkelen en te blijven ondernemen (wat veel vaker wel dan niet voorkomt). Misschien was ik verder onderuitgegaan en had ik een baantje moeten nemen. Vervolgens was ik de schuldhulpverlening in gegaan, waarbij de bank een fractie van het bedrag had gekregen dat ik ze verschuldigd was. Zie je hoe onvoorstelbaar veel onnodige schade zoiets kan veroorzaken? Wat als de medewerker iets van zichzelf had meegenomen in het proces, een beetje amateurisme om het zo maar te noemen, een beetje had proberen te spelen met de procedures of in elk geval met de communicatie daaromheen? Nu was er alleen maar negatieve energie, ook bij de man zelf, zo merkte ik. En negativiteit kweekt negativiteit. Op die manier ontstaat er niet alleen schade bij de ander; het thuislaten van jezelf en van je empathie (waarmee je jezelf ontkent) schaadt uiteindelijk ook jezelf in je kern. Ikzelf heb de hele situatie maar als nieuw avontuur geframed. Door de absurditeit van de werkwijze te herkennen ben ik de humor en de lessen erin gaan zien. Doordat ik me niet verder ben gaan ingraven, kreeg ik ook de ruimte om gewoon 'ja' te zeggen als een andere afdeling van diezelfde bank een lezingaanvraag deed – wel zo professioneel toch?

Er is een uitzonderlijk ras van professionals: de expert. Hier wordt het heel lastig, want de expert is absoluut het hoogst haalbare in een bepaald gebied, degene die alles weet van een bepaald onderwerp. Maar wacht even! Dat kán toch helemaal niet? Waarheden zijn maar al te vaak tijdelijk! Ook wetenschappers zijn soms zo overtuigd van hun theorie of onderzoek dat ze het als de absolute waarheid zien, totdat een nieuwe, tot dan onbekende theorie waarheid blijkt te zijn... Niks mis mee natuurlijk, zo ontwikkelen we door. We staan op elkaars schouders, bouwen op elkaars ideeën en spelen met elkaars gedachten. Ik word vaak als expert van het een of ander aangekondigd en heb daar een grondige hekel aan. Aan de ene kant omdat ik geen expert bén – ik ben een generalist (daar ben ik dan wel weer goed in) – maar ook omdat zeker in het veld van exponentiële technologieën zo ontzettend veel onduidelijk is. Mezelf een expert noemen zou niet alleen onwaar zijn, het is in een bepaald opzicht zelfs beperkend. Spelen met die termen vind ik dan wel weer leuk. Zo noem ik mezelf vaak professioneel prutser en amateurfilosoof. We misbruiken de term 'expert' naar hartenlust. Is dat omdat we zo'n behoefte hebben aan een autoriteit in dit tijdperk van verandering? Omdat de ontwikkeling juist in het onbekende zit, lijkt het me goed om een wat bescheiden houding aan te nemen ten opzichte van wat we denken te weten. In Silicon Valley schijnen er al mensen te zijn die hun PhD-titel niet vermelden bij een sollicitatie om niet gezien te worden als een deskundige op een te beperkt gebied.

'Ik heb het nog nooit gedaan, dus ik denk dat ik het wel kan.'
Pippi Langkous

Ik gebruik de amateur graag als metafoor voor de spelende en lerende mens. Die is zich bewust van een latent talent met een drive om beter te worden, maar bescheiden over wat hij al weet of kan. Het is ook veel makkelijker spelen als amateur. Je mag fouten maken en dingen niet begrijpen. Er staat minder op het spel, waardoor het spelen veiliger is. Ik ken genoeg verhalen van mensen die professioneel sporter, muzikant of zelfs ondernemer zijn geworden, maar de begintijd als amateur toch het tofst vonden. En weet je wat nou het mooist is? Je kunt er gewoon voor kiezen om af en toe de rol van amateur aan te nemen! Ook dat is warorde: je eigen rol niet te serieus nemen en door de war gooien om nieuwe speelruimte te creëren.

Een nog betere term in die zin is ProAm (ook wel in sport gebruikt, maar op een andere manier). De ProAm is zich bewust van zijn kwaliteiten en kennis, maar weet die ook in de juiste context te plaatsten. Een goed voorbeeld is Kevin Kelly, een idioot nieuwsgierige man met een groot onderzoekend brein en het vermogen om de dingen helder in de context van vandaag te plaatsen. Hij is bijzonder bescheiden en zich tegelijk heel bewust van zijn kennis, die hij dan ook helder en vaak deelt, maar nooit als een 'goeroe' die de waarheid verspreidt. Ik ben me ervan bewust dat ik een van de grootste denkers van deze tijd in de ogen van sommigen onderschat omdat ik hem in dit kader plaats. Hij ís toch juist de godfather van Silicon Valley? Hij ís toch juist de expert van het internet, hij ís toch juist een van de grootste futurologen? Ja, allemaal waar! Maar hem in deze categorie plaatsen is hem juist eren. Ik geloof dat er geen betere houding ten opzichte van je werk mogelijk is dan deze: je volledig bewust zijn van je kunnen en kennen en tegelijk van het grote gebrek aan kennis over de wereld, het leven en het universum.

HET EXPERIMENT

Het experiment vind ik een van de mooiste uitvindingen die de mens ooit heeft gedaan. Het is waar nieuwsgierigheid en geduld samenkomen, waar de ongebreidelde drang om uit te vogelen hoe de wereld en al zijn ingrediënten op elkaar inwerken tot uiting komt. Een observatie (in zowel de wereld als je hoofd) omzetten in actie. Het mooist van het experiment is dat alle uitkomsten geaccepteerd dienen te worden, ook als ze uitwijzen dat het experiment niet goed is uitgevoerd, want dan begin je gewoon opnieuw. Dat is voor mij de belangrijkste reden om het experiment toe te juichen; het staat actie toe zonder dat van tevoren de gewenste uitkomst vaststaat. Experimenteren biedt in feite veel vrijheid in een vast omkaderde situatie. Een zuiver experiment is immers ingebed in een gecontroleerde, goed te observeren situatie. En dat maakt experimenteren zo nuttig. Juist nu we in een wereld van regels en zogenaamde voorspelbaarheid leven, kan experimenteren een prettige gecontroleerde verstoring van die orde vormen – veilig en toch spannend.

Dat geeft experimenteren extra waarde. Niet alleen kan een experiment nuttig zijn om een observatie of premisse te toetsen, ook kan het gebruikt worden als middel om wat vastzit los te maken. Het lijkt me aannemelijk dat wat we nu experimenteren noemen ooit de manier van doen was. Of zouden de werktuigen die onze voorouders gebruikten op de tekentafel zijn ontstaan? Vast niet, die moest nog worden uitgevonden. Ik denk dat experimenteren een energie kan opwekken die heel nuttig is, een energie die ook buiten het experiment kan meewerken aan het kweken van een meer flexibele houding. Misschien kan het wel dat beetje lef en verwondering terugbrengen in jouw team, organisatie of leven.

TOEPASSEN

Innovatie is alleen gebaat bij het vermogen om de uitkomsten uit de experimenten te vertalen naar praktische toepassingen. Een van de inspirerende mensen die ik heb mogen ontmoeten tijdens het schrijven van dit boek die dit goed heeft begrepen, is Rogier Thewessen. Rogier is een van de drie oprichters van Young Capital, een snelgroeiend bedrijf dat we vroeger een uitzendbureau zouden noemen. Young Capital heeft een groot deel van de markt weten te veroveren door een traditioneel businessmodel online te brengen, en was daar vroeg mee. Achteraf lijkt het bedrijf misschien het schoolvoorbeeld van een fantastisch uitgevoerd vooropgezet plan en strategie. In werkelijkheid is dit mooie bedrijf echter het resultaat van experimenteren met verschillende modellen tegelijk, kijken wat blijft 'plakken' en doorgaan. 'Gewoon beginnen en kijken wat werkt,' zo omschrijft Rogier de start van zijn bedrijf als we samen een waterijsje halen bij het pompstation om de hoek van het hoofdkantoor. De uitdagingen waren er niet minder om. Zo was er in eerste instantie geen geld en ook geen duidelijk businessmodel. Wat er wel was, was een fascinatie voor online, de drang om te ondernemen en de bereidheid om te falen. De combinaties zijn achteraf briljant te noemen. Door de ervaring met webshops wisten de mannen al veel van zoekmachineoptimalisatie en wisten ze dat traffic van bezoekers geld waard is. Door verschillende websites in diverse markten op te zetten creëerden ze realtime feedbackloops van wat wel en niet werkte. Door hun ervaring als student en hun zoektocht naar werk leek het logisch om online iets op dat vlak te doen. En toen kamen ze erachter dat het creëren van traffic heel interessant is in het uitzendvak. 'Traditionele uitzenders kunnen namelijk niet werven,' aldus Rogier. Het businessmodel bewees zichzelf al snel en Young Capital was geboren.

Een goed businessmodel weten te creëren is één, het tot een succes maken is iets heel anders. In het voorbeeld van Young Capital geeft Rogier de belangrijkste redenen waarom zij wel zijn doorgestoten. Naast zin in experiment en lef om te beginnen is er een heel belangrijke: 'De meeste mensen kunnen niet afzien,' zo zegt hij het zelf. Juist als je denkt dat je er bent, moet je kunnen doorgaan met vallen en opstaan. Mensen vergeten wel eens dat de fundamenten van dit grote bedrijf al achttien jaar geleden zijn gelegd. Doorzettingsvermogen en kritisch zijn zorgen, naast een cultuur van vertrouwen in jezelf en in elkaar, voor een constante drang naar vernieuwen. Bij Young Capital zoeken ze de randjes op en luisteren ze niet te veel naar de kritiek van een paar mensen, maar blijven ze kijken naar wat er in de praktijk wel of niet werkt. Door te blijven experimenteren met de kpi's en zich te realiseren dat grote stappen bestaan uit veel kleine stappen, houden ze de korte feedbackloops in leven waarmee Young Capital ooit is ontstaan. De mooiste uitspraak van Rogier tijdens ons gesprek: 'Waar het moeilijk is, is het niet druk.'

Er zijn weinig 'shortcuts' op weg naar een innovatievere, veranderbereide cultuur; het is nu eenmaal een heel complexe samenhang van allerlei (f)actoren. Maar als men na een sessie over toekomststrategie of een lezing over technologie en veranderprocessen aan me vraagt 'Wat moeten we morgen doen?' is mijn antwoord meestal: 'Zorg voor veilige experimenteerplekken.' En waar veilig in een laboratorium te maken heeft met fysieke veiligheid, duidt veiligheid in dit geval op emotionele en psychische veiligheid. Onderschat niet hoe onveilig de meeste organisaties zijn als het gaat om het onderzoeken van het onbekende, het suggereren van het onmogelijke of het uitspreken van het gevoel van 'niet weten'. We zéggen wel dat we mensen ons vertrouwen geven, maar we handelen er vaak niet naar. Bij dat vertrouwen hebben in iemand hoort ook vergevingsgezindheid bij falen. Helaas is de dank voor het tonen van lef en het opzoeken van de grenzen om een nieuwe doorbraak te forceren meestal een 'kpi-confrontatie'.

Tip: noem de volgende verandering een experiment en je krijgt zoveel makkelijker mensen mee!

'Abundance is not something we acquire. It is something we tune into.'
Wayne Dyer, Amerikaans psycholoog, 1940-2015

SPELEN MET OVERVLOED

Organiseren kun je op veel manieren uitleggen. De definitie die ik er graag aan geef, is dat je mensen, informatie en/of spullen op een geschikte plek (dit kan ook internet zijn) in een bepaald tijdvak bij elkaar krijgt om iets voor elkaar te krijgen. Iets goed organiseren betekent volgens mij dan ook dat je op een slimme manier met zo min mogelijk inspanning en zo veel mogelijk impact je doel behaalt. Helaas wordt het organiseren vaak zo complex en gaat het over zoveel lagen dat de organisatie belangrijker dreigt te worden dan het doel waarvoor ze in eerste instantie werd opgezet. In hoofdstuk 2 hebben we kunnen zien welke dynamieken daarvoor zorgen. En hoewel men ook bij kleine, tijdelijke samenwerkingen om dingen als een bruiloft, een bedrijfsuitje of een klein evenement voor elkaar te krijgen soms last krijgt van organisatiritis, zijn de nadelige effecten bij grotere organisaties veel schadelijker. Hoe komt dit? Wanneer jij verantwoordelijk bent voor een klein deel van de organisatie van een 'ding', wordt dat onderdeel vanzelf heel belangrijk en ga je er al je resources op zetten. De dynamiek van een grote organisatie doet de rest.

Is het je wel eens opgevallen dat er bij het organiseren van complexe zaken altijd bepaalde zaken als in beton gegoten zijn?

1. De *mensen* die betrokken moeten worden;
2. De *locatie* (fysiek of digitaal) waar alles samen moet komen;
3. *Geld* (veel);
4. *Papier*, heel veel papier om alle afspraken op te kunnen vastleggen.

Veel randzaken worden tot hoofdzaken verheven. De functietitels en de macht van de deelnemers zijn belangrijker geworden dan selecteren op basis van potentiële meerwaarde, diversiteit en kennis van een specifiek onderwerp. Hoe vaak heb jij niet in een vergadering gezeten met een onduidelijke agenda, te veel en niet per se op dat moment relevante deelnemers, wel met een homogene (want op functieniveau gekozen) samenstelling die bovendien veel te lang duurde? Heb je je wel eens afgevraagd waarom er zoveel mensen zijn die vinden dat ze te weinig met hun eigenlijke werk bezig zijn, en te veel met vergaderen? Dat er zelfs mensen zijn die vergaderen als hun werk zien? Dat bij een op te starten actie of project de meetings, de vastlegging van wat er is overlegd en het nalopen en corrigeren van wat er is vastgelegd soms meer tijd, mensen en energie opslokken dan het uitvoeren van de actie of het project?

'Maar zaken moeten toch goed voorbereid worden?' zou je kunnen tegenwerpen. Helemaal mee eens, maar verwar een goede voorbereiding niet met oeverloos overleggen over details, zogenaamde risico's en scenario's waarvan je niet weet of ze gaan plaatsvinden. De voorbereiding dient te zitten in het heel helder omschrijven van de gewenste uitkomst van datgene waar je aan gaat werken, daar duidelijke en bondige taal aan geven en met elkaar begrijpen dat er meerdere wegen naar Rome leiden. Gebruik je voorbereiding om de essentie te duiden en vast te leggen en de intentie van je teamplayers te checken. Daarna kijk je wat je nodig hebt voor de eerste stap, zet je steeds stapjes verder en kijk je samen wat wel en niet werkt, wie er nog aangehaakt is of (tijdelijk) bij moet komen en of datgene wat je doet bijdraagt aan het doel dat je wilt bereiken. Open, transparant, met respect voor elkaars tijd en op basis van evenwaardigheid.

Over stappen zetten gesproken: heb je wel eens geprobeerd om lopend te vergaderen? Dat werkt zoveel beter! Er is vaak meer zuurstof, meer energie en je gaat daadwerkelijk vooruit. Je zet dus echt stappen. Lastig als je met een groot team bent? Probeer dan in elk geval eens staand te vergaderen, ook dat maakt al een boel uit. Notulen? Mee stoppen, vervangen door vertrouwen en korte actielijstjes met punten die nodig zijn om de volgende stap te kunnen zetten.

Wat is dan spelen met overvloed?
Dat is in essentie zaken organiseren zonder gedoe, met zo min mogelijk geld en papier. Om te kunnen uitleggen dat je ook op andere manieren heel veel voor elkaar kunt krijgen, moet ik jullie even meenemen terug in de tijd: Permanent Beta. Zeven jaar geleden zaten Jan-Henk Bouman, Martijn Aslander en ikzelf in een berghut in Oostenrijk. Vrijuit nadenkend over de netwerk- en informatiesamenleving en de vaak nog onbenutte mogelijkheden bedachten we dat het een goed idee zou zijn als creatieve geesten, nerds en mensen met ondernemend bloed

vaker met elkaar zouden 'brainen' en experimenteren. Hoe, dat wisten we nog niet, laat staan waar en wanneer. Wat we wel wisten, was dat als we echt wilden bewijzen dat je tegenwoordig heel veel kunt doen zonder veel budget en regels, we dan iets moesten opzetten zonder geld en papier. Geïnspireerd door de leegstand (een plek kan geen probleem zijn), ons netwerk (samen kennen we mensen genoeg in de drie categorieën) en onze kennis van easycratie* (het tegenovergestelde van bureaucratie) begonnen we gewoon. Laat ik je meenemen naar hoe we Permanent Beta (bridging brains, tech en culture) leven inbliezen.

Dag 1: Jan-Henk en ik zaten 's nachts in de auto naar Nederland lekker te dromen over dit opwindende idee en bedachten het volgende. De Kamer van Koophandel in Amersfoort was een OndernemersPlaza aan het opzetten en had daar te veel ruimte en te weinig relevante content (daar waren ze toen zelf nog niet van overtuigd). 's Morgens belden we Harm van Veldhuizen, een van de toenmalige directeuren van de Kamer van Koophandel met onder andere dit project in zijn portfolio, en spraken af voor dezelfde dag. Na een gesprek van twintig minuten was Harm overtuigd van de potentie van dit experiment en hij stelde een hele verdieping van 350 m^2, een congreszaal en twee overlegruimtes beschikbaar. Ook mochten we eenmaal per jaar het hele gebouw met alle faciliteiten(!) gebruiken voor een groter evenement.

Dag 2: We belden nerds en sociale pioniers die het leuk vonden om te helpen met het opzetten van een super divers ecosysteem.

Dag 3: Er stonden ook nog tafels, stoelen en kasten die we mochten gebruiken!

* Martijn Aslander had niet lang daarvoor samen met Erwin Witteveen het boek *Easycratie* geschreven.

Week 2: Samenkomen. Wat hebben we nodig? Een naam en slagzin, meetup.com om de meetups aan te kondigen en internet om straks alle coole content te kunnen delen.

Week 4: Excellent uit Amersfoort vond het een tof idee en deed mee, ze regelden een supersnelle internetverbinding. Meetup.com kostte zeventig dollar per jaar; dat investeerden we in wat later onze belangrijkste tool bleek te zijn.

Week 5: Met hulp van makers Herman Kopinga en Joost Plattel richtten we een tech-atelier in met 3D-printers (altijd al willen hebben en als je die samen koopt, kosten ze helemaal weinig), en knutselspullen (die we meestal kregen omdat er toch te veel spullen waren) als arduino's en soldeerbouten waarmee we allerhande leuke opstellingen konden maken.*

Week 6 en daarna: We begonnen meetups rond onderwerpen als slimmer werken, biohacking, lifehacking, 3D-printing met maar een paar speelregels:

1. Een meetup gaat altijd door, ook al komen er maar een paar mensen.
2. Meetups moeten gratis toegankelijk zijn, altijd.
3. Alles moet gedeeld kunnen worden via blogs, streams en/of foto's (delen om te delen).
4. Permanent Beta laat zich niet sponsoren met logo's en merken. (Cadeautjes die op onze verlanglijst staan, zijn natuurlijk welkom.)

Permanent Beta nu: de afgelopen zes jaar hebben we meer dan duizend meetups rond de meest uiteenlopende onderwerpen easycratisch georganiseerd (in binnen- en buitenland). Er zijn al twaalf PD-dagen geweest met elk tussen de drie- en zeshon-

* Leuke anekdote: tijdens het inrichten van onze speelplek zijn we maar blijven slapen omdat onze vriendjes uit heel Nederland kwamen. Sindsdien hebben wij het over de slaapkamer van koophandel.

derd bezoekers, veertig tot vijftig sprekers per keer door het hele land. Onze meetup-community heeft een kleine vijfduizend members (*and counting*), die we in een achterliggende database kunnen sourcen op interesse, regio, expertise en netwerk. We hebben creatieve sessies met onze community gedaan om te helpen complexe vraagstukken op te lossen bij uiteenlopende organisaties als Artsen zonder Grenzen, de NOS, Binnenlandse Zaken, Alliander, diverse provincies en gemeentes. Nadat we een aantal lezingen en sessies hadden georganiseerd, heeft de Politie Midden Nederland het politiejaar 2018 zelfs uitgeroepen tot Permanent Beta-jaar. Belangrijker nog zijn de talloze mensen die elkaar hebben kunnen inspireren om tot actie over te gaan en voor zichzelf te beginnen, een gaaf project te starten of zich in te zetten voor het welzijn van onze samenleving.

Wat is het geheim van spelen met overvloed, ofwel easycratisch organiseren? In de kern is het dat je altijd denkt vanuit beschikbaarheid. Je stelt jezelf de vraag: wat is in overvloed aanwezig waarbij het delen ervan niet betekent dat iemand iets kwijtraakt of ergens minder van heeft, maar juist heel blij wordt van het delen omdat dat verrijkt? Het model zou er dan als volgt uit kunnen zien:

1. Welke mensen kunnen iets toevoegen en willen betrokken worden?
2. Wie zou dit willen hosten op een locatie die voor het doel geschikt is (wat heb je nodig, niet hoe het eruit moet zien), op een van de data die je in je hoofd hebt. (Dit kan ook een website zijn die niet mooi maar wel heel praktisch is; marktplaats.nl heeft ook nooit een schoonheidswedstrijd gewonnen...)
3. Maak een overzicht van de overvloed die op je afkomt. Kies praktisch en verdeel op talent (hier heb je geen in-

gewikkelde software of veel papier bij nodig, tools als Google Drive, Workflowy, Trello, Slack doen wonderen).
4. Intentie en energie doen de rest.
5. Realiseer je dat perfect niet bestaat, dus er mag best wat misgaan.

Nog een laatste tip: lees het boek *The 4-Hour Workweek* van Timothy Ferris. Het belangrijkste inzicht dat ik eruit opdeed, was dat je ook voor geweldige ervaringen niet per se veel geld nodig hebt. Ferris beschrijft heel mooi dat wanneer je naar een tropisch eiland wilt, dat op de manier waarop we gewend zijn dat te plannen waarschijnlijk veel geld kost. We selecteren het eiland, de periode waarin we willen gaan, het hotel waar we willen slapen en de plaatsen die we willen bezoeken. Wanneer je dit loslaat en tegen jezelf zegt dat je ergens in de komende twee jaar een keer op een tropisch eiland wilt zijn, kun je dat waarschijnlijk tegen lage of geen kosten regelen. Er is vast wel iemand te vinden die het leuk vindt dat je komt, misschien is er werk te doen of kun je het voordelig combineren met een reis die je al aan het maken bent. Ik noem dat uitgaan van beschikbaarheid in plaats van schaarste.

'When I was a boy of 14, my father was so ignorant I could hardly stand to have the old man around. But when I got to be 21, I was astonished at how much the old man had learned in seven years.'
Mark Twain, schrijver en humorist, 1835-1910

HUMOR, DE ALLESKUNNER

Voor mij is humor onlosmakelijk verbonden met speelsheid. Humor brengt lichtheid en ontspanning en geeft ruimte om te spelen met de werkelijkheid (of moet ik zeggen paradigma's?). Juist nu we in de tijd van de orde en ratio zitten, kunnen we humor goed gebruiken om onszelf wat minder serieus te nemen. Door onze overtuigingen belachelijk te maken scheppen we als het ware nieuwe perspectieven op andere waarheden.

Humor is veelzijdiger dan we in eerste instantie zouden denken. Mijn ervaring is dat humor fantastische communicatiemogelijkheden biedt. Meer dan eens heb ik met humor vastzittende gesprekken kunnen vlot trekken of een creatief proces nieuw leven in kunnen blazen. Maar humor heeft veel meer toepassingsmogelijkheden die het leven aangenamer kunnen maken. Stel dat je iets echt duidelijk wilt maken, maar je niet als drammer wilt overkomen of merkt dat je toehoorders zich de situatie moeilijk kunnen voorstellen. Gebruik dan humor om datgene wat je bedoelt uit te vergroten en maak het een beetje absurd. Door daarna terug te schakelen en te zeggen: 'Dat is natuurlijk niet zoals het is, maar toch...' kun je inspelen op het voorstellingsvermogen van je medespelers en gebruik je het contrast tussen de uitvergroting en het voorbeeld in normale proporties, waardoor je punt misschien helemaal niet zo vreemd of extreem meer overkomt. Cabaretiers zijn vaak grootmeesters in het gebruik van deze techniek. Politiek, geloof en extremisten worden vaak zo belachelijk gemaakt dat we erom kunnen lachen, terwijl de boodschap alleen maar duidelijker binnenkomt.

Een andere nuttige toepassing van humor die je vaak bij cabaretiers ziet, is dat ze de fantasie aanwakkeren. Door zaken absurder voor te stellen dan ze zijn, wordt ons voorstellingsvermogen geprikkeld en kan het onvoorstelbare ineens vorm krijgen. Deze techniek leent zich uitstekend in een brainstorm. Als jij als aanjager de zaken volledig buiten hun grenzen trekt, is het voor de overige deelnemers ineens niet zo moeilijk meer om iets 'geks' te zeggen. En omdat associëren een van de krachtigste elementen van brainstormen is, kan dit buitengewoon handig zijn.

Humor kan ook voor veiligheid en ontspanning zorgen bij groepsprocessen. In mijn ervaring bij het geven van lezingen, het begeleiden van creatieve sessies en leidinggeven (allemaal groepsprocessen) heb ik gemerkt dat verwachtingen, onzekerheid en (vermeende) groepsdruk kunnen zorgen voor beperkingen in het aanboren van de aanwezige cognitieve vermogens.* Soms is er zelfs sprake van verkramping in een groep omdat men zich onzeker voelt over het eigen kunnen of de situatie waarin zich men bevindt. Zeker wanneer men in een nieuwe situatie wordt geplaatst, kan de warorde in eerste instantie onveilig aanvoelen. Met humor kan men ervoor zorgen dat de boel een beetje ontspant. Een van de mooie dingen van humor is namelijk dat het een sterk relativerend vermogen kan hebben. Humor stelt ons in staat om onszelf of de situatie waar we in zitten een beetje op de hak te nemen, iets minder serieus te nemen. Juist het relativeren van een ogenschijnlijk ernstige situatie of deze zelfs een beetje belachelijk maken kan zorgen voor net dat beetje ontspanning.

Humor kan je dus helpen bij het verlichten van lastige situaties, het ontspannen in de strijd van het alledaagse en het aanzetten van de fantasie. Maar er zijn nog veel meer voordelen die humor zo geweldig maken. Zo adviseren vier van de vijf artsen om vaker te lachen omdat het goed voor je gezondheid is en stress reduceert. Daarnaast kan het je helpen om de wereld om je heen op een andere manier te bekijken en zelfreflec-

* Juist de mensen die onzekerheid kunnen voelen of zich gewoon niet zo snel uitspreken, kunnen met fantastische nieuwe inzichten komen. Probeer daarom juist voor hen een veilige situatie te creëren. Dit hoeft (of kan) uiteraard niet per se met humor.

tie toe te passen. Het kan vijandigheid wegnemen en daarmee zelfs relaties verbeteren. Het kan zorgen dat die 'ene vraag' kan worden gesteld die niemand durft te stellen.

Weet je nog dat je als kind lol kon hebben om de gekste dingen? Ook daar zorgde humor voor relativering en was het een hulpmiddel om de wereld om je heen te leren begrijpen. En hoewel ons tijdens onze jeugd verteld wordt dat je als je opgroeit 'serieus' moet zijn, niet 'zomaar' iets kunt zeggen, het leven geen 'lolletje' is en je vooral 'normaal' (wat dat dan ook is) moet doen, geloof ik er niets van dat onze behoefte om lol te hebben daarmee verdwijnt. Wat als je die lol terug kunt brengen en deze nog altijd nuttig blijkt te zijn? Misschien is humor zelfs wel noodzakelijk als tegenwicht tegen het serieuze, rationele en door cijfers en regels beperkte speelveld dat we hebben gecreëerd: humor als breekijzer in de strijd tegen paradigma's. Alweer een paradox – humor blijkt toch een serieuze aangelegenheid.

Net als enthousiasme is humor moeilijk te 'pakken'; het werkt pas echt als het authentiek is, vanuit de persoon zelf komt. Vandaar dat ik hier geen voorbeelden, anekdotes of moppen geef. Iedereen heeft humor, en het komt in allerlei soorten en smaken. Dat is juist een van de mooie dingen van humor. Soms zijn mensen onbedoeld heel grappig of juist grappig bedoeld heel saai. Het is een dunne lijn die alleen jij (samen met je publiek) kunt verkennen en waar je mee kunt spelen. Vuistregels zijn in mijn ogen in elk geval:

1. Wees jezelf.
2. Neem jezelf niet te serieus.
3. Betrek de situatie en iedereen zo veel mogelijk.
4. Spontaniteit is 'key', vooraf ingestudeerde scenario's werken alleen bij pro's.
5. Denk je dat jij geen humor hebt? Dan zullen mensen het

nog sneller leuk vinden als je jezelf op de hak neemt!
6. Feedbackloops zijn in humor erg belangrijk, het is pas humor als niet alleen jij het leuk vindt!
7. Pesten is geen humor.

'Iedereen kan het roer vasthouden als de zee kalm is.'
Publilius Syrus, Romeins schrijver, 1e eeuw v.Chr.

DE SPELLEIDER

Goed, de warordelijke ingrediënten en tactieken hebben we nu uitgebreid besproken. Rest ons nog te kijken naar de rol van de spelleider, de leider, de persoon die anderen naar de juiste weg leidt om doelen te bereiken. Boeken vol zijn er al over geschreven en we kunnen inmiddels uit tientallen stijlen kiezen. Toch denk ik dat er in deze tijd op metaniveau iets heel specifieks valt te constateren. Onlangs sprak ik daarover met Martijn Lampert, Research Director bij Motivaction. Hij houdt zich al vele jaren bezig met het zogenaamde Mentality-onderzoeksprogramma en leidt sinds de start in 2013 het wereldwijde Glocalities-onderzoeksprogramma. Glocalities biedt inzicht in waarden, merken en trends op basis van diepgaand onderzoek onder meer dan 165.000 mensen uit 27 landen. In de Drentse bossen kwamen we afgelopen zomer tijdens het magische Permanent Beta-bosfeest achter onze wederzijdse interesse in Griekse mythologie. Gelukkig voor mij weet Martijn hier veel meer van dan ik en al snel raakten we in gesprek over Dionysos en Apollo, en hun rol in de huidige leiderschapsstijlen. Het bos en het feest aldaar vroegen om onze aandacht en dus hebben we het gesprek later voortgezet op het kantoor van Motivaction in Amsterdam. Doorbordurend op ons eerdere gesprek kwamen we op de tegenstelling apollinisch/dionysisch.* Volgens Martijn zou je de huidig dominante leiderschapsstijl apollinisch kunnen noemen. Apollo was de zoon van Zeus en Leto en een van de belangrijkste goden, want hij was de god van het licht. Hoewel Apollo (zoals veel goden in die tijd) meerdere functies als beschermheer had, wordt hij nu vooral als de vertegenwoordiger van rationele schoonheid en orde beschouwd. Een apollinische leiderschapsstijl staat dan ook met name voor orde door regels en macht en de ratio van de cijfers – een leiderschapsstijl vooral gericht op *business intelligence*.

Dit boek oppert de noodzaak van een andere werkwijze om in de volgende fase van ontwikkeling te komen. Martijn en ik vonden elkaar in zijn idee van een meer interpersoonlijke 'dionysische leiderschapsstijl'. Net als Dionysos de tegenpool van Apollo is, heeft de dionysische leiderschapsstijl heel andere vertrekpunten. Dionysos was als zoon van Zeus en Semele eigenlijk een halfbroer† van Apollo. Hoewel Dionysos bekendstaat als de god van de wijn,‡ lijkt het erop dat dit met name symbool staat voor de vruchtbaarheid van de natuur en beschaving (alleen gevorderde beschavingen waren de kunst van het wijn maken meester). De belangrijkste taak van Dionysos is echter de zorg voor verbinding en vrede. Echter, als een vat vol tegenstrijdigheden is hij woest en uitbundig, waardoor hij tevens de god van de geestdrift en enthousiasme is. Terwijl de eigenschappen van de rede en de orde zich redelijk eenvoudig in woorden laten vatten, is het veel moelijker om de meer menselijke (Dionysos was oorspronkelijk een halfgod), sociale

* Deze tegenstelling werd eerder door Nietzsche populair gemaakt.

† Het libido van Zeus zorgde sowieso voor een zeer diverse en wijdverspreide familie van goden en halfgoden die elkaars halfbroers en -zussen, maar ook elkaars oom, tante, neven of nicht konden zijn.

‡ Dionysos werd ook wel Bakchos (Bacchus in de Romeinse godsdienst) genoemd.

en dus vol tegenstellingen zittende eigenschappen te verwoorden. Juist daarom lijkt een dionysische leiderschapsstijl beter bij de huidige, van paradoxen vervulde tijd te passen. Daarnaast sluit een op sociale intelligentie gerichte stijl ook beter aan op een enorme diversiteit aan menselijke drijfveren en dromen. Juist de menselijke drijfveren moeten we aanspreken om de omgeving, die je hopelijk beter wilt achterlaten dan je haar vond (of dat nu je bedrijf, je organisatie of de wereld is), van een volgende ontwikkeling te kunnen voorzien. En daar waar we de business intelligence steeds meer aan de machines kunnen overlaten, is het van belang om beter aan te sluiten op zaken die mensen binden, zoals empathie en nieuwsgierigheid. Uit onderzoeken van Motivaction komt met name naar voren dat leiders die gedeelde (hogere) waarden als compassie, wijsheid en liefde combineren, mensen inspireren en kunnen verbinden. En dan hebben we het over leiders zoals Mandela. Martijn Lampert zegt zelfs dat de zeventien *global goals** onmogelijk in 2030 te halen zijn met de huidige leiderschapsstijl, die vooral gericht is op groei, orde en economische winst.

Wat betekent dat voor jou als leider? Jij bent iemand die geacht wordt de lijnen uit te zetten en te zorgen dat mensen de 'juiste dingen doen'. Je rol is al een tijdje aan het veranderen, voel je dat? Zeker als CEO wordt er steeds vaker van je verwacht dat je leidinggeeft aan groepen mensen die dingen ontwikkelen waar jij geen of weinig verstand van hebt. Door de snelle ontwikkeling van verschillende technologieën zien we dit steeds vaker. De wereld komt in een heel nieuwe fase terecht – een fase waarin niet het onderzoeken van de mogelijkheden van een specifieke 'uitvinding' in de lead is, maar waar de mogelijkheden die we nodig hebben in de lead moeten zijn. Terwijl blij-

* http://bit.ly/warorde-GG

ven experimenteren met de mogelijkheden van technologie heel belangrijk is voor de ontwikkeling, zullen we meer dan ooit moeten nadenken voor welke optimalisaties we ontwikkelen en welke consequenties die kunnen hebben. Naast commerciële en organisatorische disrupties zullen ethische vraagstukken en morele opvattingen een belangrijke rol (moeten) gaan spelen. Technologie staat tenslotte op het punt vrijwel alles wat je kunt bedenken mogelijk te maken! Daarnaast worden algoritmen (de snelst ontwikkelende 'robot') doorontwikkeld door mensen met heel specifieke skills tot het moment dat de algoritmen alleen nog maar van elkáár kunnen leren. Als er zoveel verandert en er continu zoveel uitgevogeld moet worden, zal meer dan ooit een van de belangrijkste taken van de leider zijn: duidelijkheid bieden over het hogere doel waar mensen zich aan verbinden, daar in heldere taal over spreken en de bijbehorende acties en het bijbehorende gedrag vertonen. Als leider dien je veiligheid te creëren en tegelijk te prikkelen, kaders te definiëren én te inspireren tot actie.

Als er iemand is die die hier een heel heldere vorm voor heeft gevonden, dan is dat Bas van der Veldt wel. Bas is de CEO van het succesvolle softwarebedrijf AFAS. Jaren geleden ontmoette ik Bas toen ik een lezing mocht geven in het theater dat het AFAS-hoofdkantoor in Leusden herbergt. Zijn inleidende verhaal van de middag was buitengewoon onderhoudend, maar met één uitspraak had hij me definitief gewonnen: toen hij bureaucratie op de hak nam door op een groot scherm te laten zien dat het woord 'beleid' dezelfde letters heeft als het woord 'debiel'. Onder Bas' leiding verzevenvoudigde de omzet van AFAS de afgelopen tien jaar, is het resultaat fors toegenomen en wordt het bedrijf niet alleen geroemd om de commerciële successen maar ook om zijn maatschappelijke betrokkenheid en menselijke maat. Bas beschrijft zijn manier van leidinggeven als betrokken, persoonlijk, eigenwijs en duidelijk. Mede door deze manier van leidinggeven is er een uitdagende bedrijfscultuur ontstaan waarin de medewerkers de vrijheid krijgen om te spelen. Hoe? Door een mix te maken van allerlei zaken die in managementland voorbijkomen en daar heel nuchter keuzes in te maken. Zo worden ingrediënten van Ricardo Semlers democratische bedrijfsmodel gebruikt, maar laat men de onderdelen achterwege die niet passen in de eigen visie op de wereld. Met name de combinatie van veel vrijheid en harde targets die men bij AFAS hanteert, spreekt mij aan. In de wereld van zelfsturing zie ik (vooral in het begin) nog wel eens dat men onterecht denkt dat zelfsturing betekent dat de teams alles zelf kunnen (of mogen) bepalen. Zoals ik eerder zei, is zelfsturing in welke vorm ook mijns inziens alleen mogelijk met een heel duidelijke purpose en sterk leiderschap. Binnen een cultuur van vrijheid het gedrag verkrijgen dat bijdraagt aan het hogere doel, is alleen mogelijk als men weet wat het hogere doel is en welk gedrag daarbij hoort. Bij AFAS heeft dit geleid tot slechts één regel: werk met gezond verstand in het belang van AFAS. Wat 'gezond verstand' is, daar kan over gediscussieerd worden. Over 'in het belang van AFAS' kan nooit discussie ontstaan. Deze regel kan natuurlijk alleen maar werken als de set van normen en waarden duidelijk is en deze met voorbeelden wordt ondersteund. 'Als wij voor een miljoen het schip ingaan omdat een medewerker een fout heeft gemaakt maar daarbij wel de beste intenties had voor de medewerkers en/of klanten, hebben we het nergens over. Wie voor één euro een Balisto uit de automaat steelt, moet weg,' zegt Bas daarover.

Een van de manieren om de cultuur van vrijheid en discipline vanaf dag één te injecteren zijn de Monkey Milestones: een set met twaalf (speel)kaarten* die nieuwe medewerkers elke maand uitdagen 'een mooi moment in je carrière bij AFAS vast te leggen'. Het veelgebruikte voorbeeld is de kaart waarop je kunt aanvinken of je een directielid hebt tegengesproken (en nog in dienst bent). Degene die mij het meest aanspreekt, is de kaart die vraagt of je al een selfie met minimaal veertig collega's van drie verschillende afdelingen hebt gemaakt. Dit is een leuke manier om ervoor te zorgen dat de unusual suspects elkaar in het bedrijf blijven ontmoeten.

Leidinggeven aan een succesvol bedrijf en over de successen praten lijkt misschien makkelijk en daarom heb ik Bas gevraagd wat hij als minder succesvol ervaart. Zijn antwoord: 'Als mensen ongelukkig zijn of zelfs overspannen raken.' Op dat moment vraagt Bas zich af wat hij als leidinggevende beter had kunnen doen. Maar ook daar gaat hij op zijn eigen manier mee om: 'Vorige week had ik hier nog een collega plat op zijn rug in mijn kantoor liggen om hem te helpen met "Wim Hof-ademhalingsoefeningen".' Een ander mooi voorbeeld is de opdracht aan een weer opstartende collega na een periode van burn-out om niet meteen naar huis te gaan 's middags, maar eerst even in het bos vlakbij op blote voeten een korte wandeling te maken. De baas wilde achteraf wel een foto van de vieze voeten als bewijs. Omdat Bas weet hoe belangrijk het is om met je lichaam in contact te blijven, wil hij dit graag doorgeven.

Prettige vent hoor, die Bas, lekker duidelijk ook. Maar makkelijk? Nee dat is iets heel anders. Niet iedereen kan met de manier van werken bij AFAS omgaan, en dat is natuurlijk ook precies de bedoeling. Met makkelijk kom je er niet.

* Ook spelen met de Monkey Milestones? De kaarten zijn te downloaden vanaf de site www.zowerktafas.nl.

Hoe omschrijf je leiderschap nu eigenlijk? Er zijn veel manieren van leiderschap en de omstandigheden vereisen allerlei verschillende eigenschappen, maar op metaniveau valt er wel een definitie te geven. Op dit moment heb ik daar de volgende voor: leiderschap is het vermogen om visie te vormen en beslissingen te nemen (en daarvan de consequenties te dragen) die in dienst staan van het doel en de situatie waaraan leiding of richting gegeven moet worden.

Idealiter weten jij en je board dus exact wat de big purpose is en hebben daar visie over ontwikkeld. Hoe daar te komen lijkt een continu proces van trial-and-error en *pivot and persevere* dat je samen met de organisatie doet. Richting in plaats van route, weet je nog? Alleen daarom al is een andere manier van leiderschap vereist. En ja, die is situationeel, maar vooral inspirerend en verbindend. De medewerkers (teams, businessunits, afdelingen) hebben ownership over het hoe. Het management biedt veiligheid, leadership in purpose en is facilitair. Een van de zaken die gefaciliteerd dienen te worden, is de veilige plek waar geëxperimenteerd kan worden en waar gespeeld mag worden. Jij geeft de speelvelden aan, inspireert en activeert en zorgt voor het overzicht in het grote, overkoepelende spel. Onthoud: mensen zijn niet 'gewired' om te veranderen. De beste strategie blijft die van de verleiding. Dus verleid mensen met enthousiasme, visie en mededogen om een nieuw perspectief te omarmen. Dwing hen niet in weer een ander keurslijf. Je zult zien, je krijgt er andere mensen door!

Taakautonomie is in mijn optiek een sleutelwoord in dit proces. Dat staat voor de hoeveelheid autonomie die een medewerker in zijn of haar werk ervaart. Mag en kan de medewerker zelf verantwoording dragen voor de taken of is er iemand die zich de hele tijd met zijn werk bemoeit? Het gebrek aan taakautonomie is een van de belangrijkste veroorzakers van stress op de werkvloer, en stress is weer een van de belangrijkste veroorzakers van burn-out. Burn-out is uiteraard dodelijk voor duurzame inzetbaarheid. Nu we meer taakvolwassenheid (of zelfsturing) van onze medewerkers verwachten, wordt de autonomie daarover steeds belangrijker. Burn-out wordt vaak als een zwakte bestempeld en weerhoudt het management ervan om op deze mensen te bouwen. Je kunt er ook anders naar kijken: deze mensen hebben wellicht zoveel stress ervaren juist omdat ze betrokken en taakvolwassen willen zijn. Er is dus een duidelijke relatie tussen taakautonomie en het vertonen van taakvolwassenheid. Het verstoren of zelfs ontkennen van die relatie is toxisch in het proces van bouwen aan een flexibele, snel lerende en genetwerkte organisatie.

Is het hogere doel absoluut duidelijk, glashelder gecommuniceerd, is de organisatie volledig 'doorweekt' en is er nog altijd een gebrek aan taakautonomie? Dan kun je nog scherper gaan selecteren op medewerkers. Begin dan bij je (middel)management en wel om twee redenen. In de eerste plaats heb je in een purpose-driven en genetwerkte organisatie met slimme, taakbewuste en nieuwsgierige mensen minder managers nodig. Het verleggen van de focus van het 'hoe' naar het 'wat' en 'waarom' vereist meer zelfsturing. Je zou ook kunnen zeggen: managementskills worden voor iedereen een beetje belangrijker. Ten tweede: het lijkt erop dat vooral mensen die leidinggeven aan afdelingen zelf enorm veel moeite hebben met verandering, vooral wanneer deze hun positie (of zelfs macht) lijkt aan te tasten. Een manager kan een heel team, een businessunit of een divisie hierin frustreren. De leiderschapsstijl van het betreffende management zal aangepast moeten worden, of het management zelf moet vervangen worden. Vergeet niet dat er mensen zijn die de boel soms (onbewust) saboteren omdat de purpose eigenlijk in de kern niet bij hen past, maar dat niet durven of kunnen toegeven.

Als je nu niet in één zin het hogere doel van je organisatie weet te formuleren (wat helemaal niet gek is), weet je meteen waarmee jijzelf als eerste aan de gang moet. Als je denkt dat je het wel helder hebt, toets dat dan zo veel mogelijk in je organisatie. Begin helemaal onderaan als een soort 'undercover boss' en vraag daarna aan HR hoe die erover denkt. Zij krijgen tenslotte het gedoe en de uitval van mensen door stress (vaak een gevolg van een gebrek aan taakautonomie) over zich heen. Het kan zijn dat jij en je collega's exact weten wat het hogere doel is, maar dat dit niet helder en onderscheidend omschreven is en/of dat dit niet helder en eenduidig gecommuniceerd wordt in de organisatie. Het duurt best even voordat iedereen *on the same page* zit. Geduld, volharding en op zijn tijd (en tijdig!) hard ingrijpen: van jou moet het komen!

'I have not failed, I've just found 10,000 ways that won't work.'
Thomas A. Edison, Amerikaans uitvinder en ondernemer, 1847-1931

5.
CREËREN

Nu zijn we aanbeland bij waar het allemaal om draait: het maken van iets nieuws, het doen van het onmogelijke, het doorbreken van paradigma's, de creatie. Het liefst gaan we hier direct mee aan de slag, maar het is een onderdeel van het hele creatieproces dat al bij het maken van ruimte door warorde begint, en met spelen de veiligheid biedt om nieuwe dingen te proberen. En bij nieuwe dingen proberen hoort helaas ook fouten maken. Ik geloof dat iemand die de bereidheid heeft om fouten te maken een groter leerpotentieel in zichzelf aanboort.

BETER ONGEVEER GOED DAN PRECIES FOUT

Een van mijn unusual suspects is *Het Financieele Dagblad*. Ik wil graag weten wat de mensen achter onze economische wereld drijft. Daarnaast besteedt deze krant bovengemiddeld veel aandacht aan technologische ontwikkelingen. Ik heb al menig interessant artikel en veel goede beschouwingen mogen ontdekken. Schrijver en spreker Harry Starren gaf elke week in het FD een lesje in onorthodox denken, heerlijk toch? Nummer 57 in de rij was 'beter ongeveer goed dan precies fout'. Een

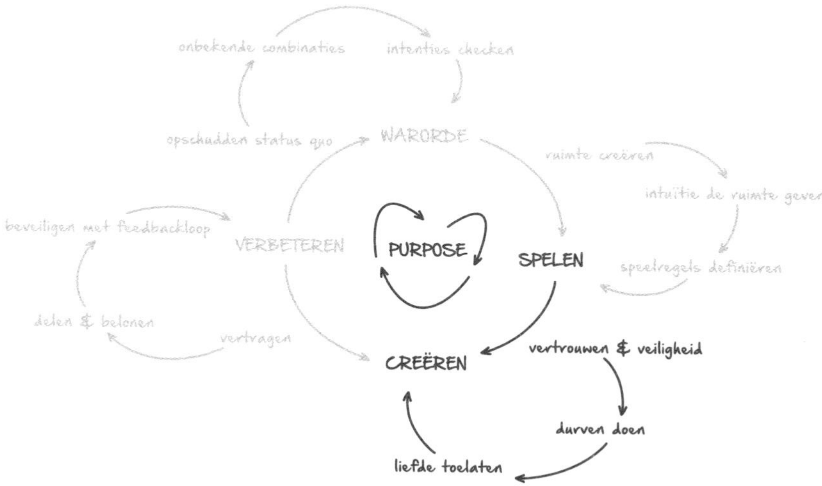

geweldige uitspraak waar ik regelmatig gebruik van maak. Harry had de uitspraak op zijn beurt weer van zijn baas, die hem weer van de schrijver van *Alice in Wonderland*, de wiskundige(!) Lewis Carroll, had.

We hebben kunnen zien dat het team van het Great Ormond Street Hospital ondanks alle inspanningen en ervaring eigenlijk niets echt fout deed, maar dat er wel een boel beter kon. Nu kunnen teams die bezig zijn met het leven van een ander niet zomaar een beetje gaan combineren. Spelen met andermans (of je eigen) leven is geen goed idee. Toch bracht een zeer ongewone combinatie een geweldige sprong in verbetering. Juist als je werk geen kwestie van leven en dood is, kan het toelaten van inzichten van buitenaf zeer veel voordelen bieden. Het prettige is dat je nog veel meer mogelijkheden tot ontdekking tot je beschikking hebt. Ik zal je een heel eenvoudig toe te passen voorbeeld aan de hand doen.

Al vroeg in mijn werkende leven viel me op dat als iemand ergens nieuw is, er vaak een uitgebreide inwerkperiode aan het 'echte' werk voorafgaat. Natuurlijk is het handig als een nieuwe medewerker instructies krijgt voor de bediening van een unieke machine, of dat een bedrijfskritisch proces bekend is voordat men aan de gang gaat. Maar daarmee zijn we er nog lang niet. In onze drang naar optimalisatie denken we vaak dat de basis die wijzelf al jaren hanteren de beste is om op verder te groeien. Tel daarbij de natuurlijke wens van veel mensen om anderen iets te vertellen wat ze nog niet weten (ik ben er een van, ik weet het) en de gang naar gedetailleerd uitleggen hoe iemand zijn werk moet doen is uitgezet. Zeker nu de omstandigheden waarin we ons werk moeten doen sneller veranderen, geldt dat ook voor het 'hoe' van het werk. In mijn tijd als directeur en ondernemer was ik altijd tegen het inwerken van nieuwe medewerkers vanuit de gedachte dat je vaak mensen aanneemt om iets te doen wat jij niet (goed) kunt, of een vaardigheid aan boord wilt krijgen die je binnen je team nog niet vertegenwoordigd ziet. Geweldig om te zien wat voor dynamiek dat meebrengt! Natuurlijk komt de nieuweling met tal van ideeën en oplossingen die al eens geprobeerd zijn. Dat deze onbruikbaar zijn, wil nog niet zeggen dat die heerlijke 'we lossen alles wel even op'-energie niet nuttig kan zijn. Belangrijker nog: na negen keer iets geopperd te hebben wat al eens geprobeerd is of wat onmogelijk lijkt (en hier zit ook veel waarde), roept iemand de tiende keer iets waarvan je kunt denken: hé, daar zit wat in! Behalve dat je de kans op iets nieuws ontdekken openhoudt (wat het altijd waard is), is het voor de persoon in kwestie ook erg fijn om in een omgeving te komen waarin het veilig voelt om zijn talenten te mogen delen.

Mocht je niet overtuigd zijn, bedenk dan eens hoe onlogisch het is dat er vaak mensen worden aangenomen op talent, ervaring, opleiding en/of houding, en dat we die mensen vervolgens in een door de organisatie gedicteerde vorm proberen te gieten: 'Nee, zo doen we dat hier niet. We hebben allang uitgevonden dat dit of dit...'

Misschien is het je opgevallen dat in zowel het voorbeeld van het Great Ormond Street Hospital als in mijn eigen simpele voorbeeld van het 'niet inwerken' van nieuwe teamleden niet alleen de les zit van iets wat je geplande serendipiteit zou kunnen noemen – ook de vrijheid en de veiligheid om de ruimte in te mogen nemen om te kunnen veranderen zitten erin.

Waarom dan beter ongeveer goed dan precies fout? Het is evident dat in een maatschappij waar de ene na de andere verandering zich aandient, dat ook voor kansen moet gelden. Bij verandering wordt het een overbodig, maar ontstaan er weer nieuwe behoeftes op een ander vlak. Het digitaliseren van muziek heeft de markt van cd's en cd-spelers een enorme klap toegediend en biedt diensten als Spotify de kans om te groeien. Cd-spelers hebben we niet meer nodig, maar de markt van geluidsapparatuur spint garen bij de vraag naar netwerkversterkers, speakers waar je naartoe kunt streamen en allerlei steeds veranderende accessoires.

Mijn vraag is dus niet hoe je een bepaald proces blijft optimaliseren in de drang naar efficiëntie, maar hoe je het kansenfestival opent. Hier komt 'beter ongeveer goed dan precies fout' om de hoek kijken. Op het moment dat je een grote foutkans toestaat, openen zich niet alleen meer mogelijkheden voor oplossingen, maar je hebt ook simpelweg veel meer tijd om andere kansen te onderzoeken. Met andere woorden: je kunt heel lang bezig zijn met precies fout zitten. In de tijd dat je één specifieke oplossing onderzoekt, of erger nog: tot in detail probeert te voorspellen, kun je meerdere kansen in het experiment een kans geven. Ook hier geldt de wet van de afnemende meeropbrengst. Vijf keer op 80 procent uitkomen kan een veel interessantere uitkomst bieden dan één keer op 100 procent proberen uit te komen.

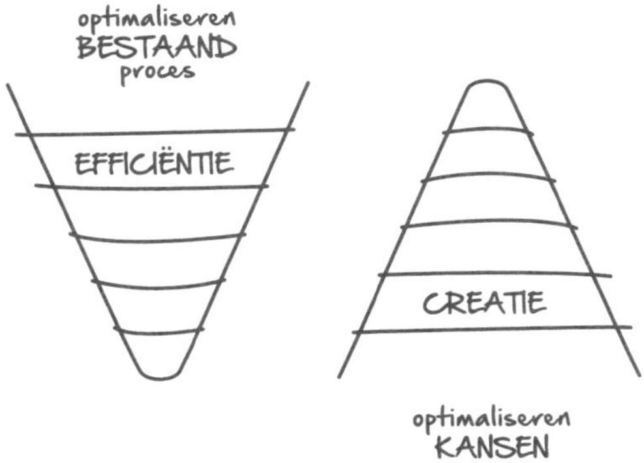

Welke trechter is de komende tijd interessanter, de versmallende die efficiëntie van het bestaande optimaliseert of degene die zich bezighoudt met het maximaliseren van kansen. Realiseer je dat de dynamiek van de linker om je heen waarschijnlijk al ruim voldoende aanwezig is.

SERENDIPITEIT

Een van de allermooiste dingen van spelen is dat je niet alleen heel goed uitvogelt hoe iets wel of juist niet werkt, maar je ontdekt ook vaak dingen waar je helemaal niet naar op zoek was! Het is meer dan toeval, je moet de intuïtie en creativiteit hebben om de waarde te zien van wat zich voor je ontvouwt. Het gebeurt zo vaak en op zo'n belangwekkende schaal dat we daar in de volwassen wereld een term voor hebben bedacht: serendipiteit:* het vinden van iets onverwachts en bruikbaars terwijl

* De oorsprong van het woord ligt in de Engelse taal. In de 18de eeuw gebruikte Horace Walpole het in een brief waarin hij vertelde over een verhaal over 'de drie prinsen van Serendip', die toevallige ontdekkingen deden.

je op zoek was naar iets totaal anders. 'De ongezochte vondst' vind ik een prachtige omschrijving die Pek van Andel* eraan heeft gegeven. Een van de bekendste omschrijvingen is die van de Amerikaanse onderzoeker Julius Comroe: het zoeken naar een speld in een hooiberg, en eruit rollen met een boerenmeid. Niet overtuigd van de enorme waarde van serendipiteit? Google het woord maar eens en ontdek de talloze voorbeelden – allemaal 'toevallige' ontdekkingen en uitvindingen terwijl men naar iets anders op zoek was:

- De (her)ontdekking van Amerika door Christoffel Columbus
- De ontdekking van de röntgenstraling
- De ontdekking van de champagne
- De uitvinding van de magnetron
- De ontdekking van polyetheen
- De uitvinding van Post-it-notitiepapier
- De uitvinding van vloeipapier
- De uitvinding van het theezakje
- De ontdekking van de potentieverhogende werking van Viagra
- De ontdekking van teflon

Maar hoe dóé je dat nou, serendipiteit? Serendipiteit is geen kwestie van een pad aflopen en het niet-gezochte vinden. Wel kun je de omstandigheden optimaliseren voor de kans op waardevolle ontdekkingen waar je niet naar op zoek was: ongewone combinaties proberen, nieuwe ongebaande paden inslaan, onbekenden raadplegen – we hebben het er in feite al over gehad. Spelen is een van de manieren waarop je serendipiteit kunt uitlokken.

* Pek van Andel & Wim Brands, *Serendipiteit, de ongezochte vondst*, 2014.

Serendipity killers
Voordat ik je vertel hoe je serendipiteit kunt stimuleren, moeten we het even hebben over wat we vooral moeten laten om serendipiteit een kans te geven. We maken namelijk allemaal voorbeelden van serendipiteit mee, alleen zien we ze niet. We zijn wellicht zo op zoek naar de oplossing die we denken te moeten vinden, dat we niet zien dat we al iets waardevols gevonden hebben wat misschien wel veel meer impact heeft dan het oplossen van je oorspronkelijke probleem. Dit probleem wordt alleen maar groter als we in groepen werken. Binnen groepen krijgen we namelijk te maken met nog een extra druk: die van de verwachtingen van de groep. Niet alleen kan een groep druk op jou als individu zetten, maar zeker ook op de groep als geheel. Een hardnekkig fenomeen hierbij is groupthink. We hebben de neiging om na een overeengekomen consensus meer oog te hebben voor de denk- en oplossingsrichtingen die de groep al heeft gedefinieerd. Zo gaan we de tunnel van één oplossingsrichting steeds verder in en wordt het almaar lastiger om te draaien. Gevaarlijk kan het zelfs worden als er sprake is van *escalation of commitment*. Deze term staat voor het doorzetten van bepaalde acties en strategieën door een groep ondanks de negatieve uitkomsten. De investering in de ingeslagen weg (*sunk costs*) is zo groot dat de groep moeilijk kan terugkeren op het ingeslagen pad. Terugkomen op de eerdere beslissingen en acties zou betekenen dat de groep toegeeft al die tijd een verkeerde strategie te hebben gevolgd, en veel energie, tijd, geld en soms zelfs mensenlevens voor niets te hebben opgeofferd. De Vietnamoorlog is een van de bekendste en gruwelijkste voorbeelden hiervan. Toegeven dat de oorlog een slecht idee was, leek een onmogelijke optie, doorgaan de enige mogelijkheid. Na veel verliezen en gruwelijkheden 'moest' er wel opgeschaald worden. Al die mensenlevens, materieel en geld konden toch niet voor niets stukgesla-

gen zijn? Een vreselijke spiraal van meer resources in een zwart gat gooien is het gevolg. De uitkomst kennen we...

Serendipity stimuli

Om serendipiteit te stimuleren hebben we op zijn minst speelruimte nodig om te kunnen 'zien' en 'onderzoekend' te kunnen handelen. We moeten als het ware de verwondering van de mogelijkheid dat zich iets heel moois aandient toelaten. Om de kans op serendipiteit (en ons eigen vermogen om ons te verwonderen) te vergroten is het aanboren van ons onbenutte 'weten' (zie hoofdstuk 3) van cruciaal belang. Zonder op onze intuïtie te kunnen vertrouwen is het moeilijk de schoonheid van het toeval in te zien. Ook het ervaren van onze essentie en het vertragen om eens goed te kijken wat er gebeurt, helpt om te 'zien'. Daarnaast kan een dutje tussendoor wonderen doen omdat onze hersenen dan stiekem verdergaan met puzzelen en soms voor heel nieuwe inzichten zorgen bij het wakker worden. Hievoor ben ik al ingegaan op het belang van ongewone combinaties en de bereidheid om te durven falen. Verderop zal ik het nog hebben over een heel belangrijk instrument dat we tot onze beschikking hebben: het experiment!

'We don't do this because it's easy, we do it because it's hard.'

John F. Kennedy, uit zijn speech 'Aim for the moon', 1961

FLOW EN DE WEG VAN DE WEERSTAND

Je wilt speelruimte scheppen voor nieuwe ideeën, je kunt met steeds minder frictie zaken organiseren, gebruikmaken van wat er voorhanden is en de tijd nemen om allerlei andere perspectieven toe te laten. Vanuit dit oogpunt lijkt het een goed idee om regelmatig de weg van de minste weerstand te kiezen, de weg waar de energie stroomt, daar waar jij en je omgeving in 'flow'* komen. Ik geloof oprecht dat het een goed idee is om het universum vaker zijn gang te laten gaan en gebruik te maken van de beschikbare 'golf' om een volgende ontwikkeling te realiseren. Hier is geduld voor nodig: vertraging om te observeren, tijd om te spelen met de mogelijkheden. Aan de andere kant is de weg van de minste weerstand geen goed idee als je ambities probeert te definiëren. Je doel mag (of moet misschien wel) een *moonshot* zijn. Als je niet de ambitie uitspreekt om op de maan te landen, ga je er zeer waarschijnlijk niet komen. Niet alleen wordt de kans dat je je doel haalt groter als je dit brutaal en scherp definieert, maar je kunt onderweg misschien wel eens op andere geweldige plekken komen, al was het alleen maar omdat je mensen om je heen inspireert. Ook hier dienen we richting en route niet door elkaar te halen. Als je doel duidelijk is, dan weet je welke richting je op moet. De route kan meanderen langs allerlei geweldige ontmoetingen en mogelijkheden. En als de route niet fijn meandert maar meer als struikelen voelt, dan is dat ook niet erg; je struikelt immers de goede kant op!

Een aantal jaren geleden stelde Erwin Blom van Fast Moving Targets in een vraaggesprek voor een podcast, dat je Permanent Beta ook als ambitieloos zou kunnen zien. Ergens wel een begrijpelijke opmerking. We maken gebruik van lege gebouwen, beschikbare kennis en op voorhand zeggen we dat een meetup geslaagd is als hij doorgaat en niet omdat er veel mensen zijn geweest. Lekker makkelijk, zou je denken. De grap is dat het in mijn ogen juist enorm ambitieus is om te bewijzen dat je een heel divers ecosysteem kunt opbouwen dat

* Deze door de Amerikaanse psycholoog Mihaly Csikszentmihalyi geïntroduceerde theorie refereert aan een mentale toestand waarbij men helemaal opgaat in zijn bezigheden.

zonder geld en papier (met maar drie speelregels) honderden relevante meetups kan veroorzaken, duizenden mensen kan informeren en inspireren en kan bijdragen aan een relevante maatschappelijke ontwikkeling, namelijk die van het creëren van technologisch bewustzijn en de mogelijkheden om de netwerk- en informatie-overvloed ten gunste van een inclusieve samenleving in te zetten. Dus al proberen we de zaken op een zo makkelijk mogelijke manier te regelen, vanuit beschikbaarheid en tevredenheid, onze ambities liegen er niet om.

Het is belangrijk om het verschil te zien tussen wat je wilt bereiken en de manier waarop dat gebeurt. Veel te vaak zien we de inspanning die aan de dag gelegd wordt aan voor betrokkenheid bij het grote doel, de ambitie van de moonshot. Het effect van deze zogenaamde betrokkenheid bij de job is dat het een scheef beeld creëert van effectiviteit en inzet. Zeker als kenniswerker is er niet altijd een correlatie tussen zichtbare uren en nuttige output. Een snelle actie of nieuwe verbinding kan een zeer positieve impact hebben, terwijl urenlang ploeteren op een plan later weinig blijkt uit te halen.

De weg van de minste weerstand kiezen op de route naar je uiteindelijke richting kan af en toe best een goed idee zijn. De weg van de minste weerstand kiezen in het definiëren van je persoonlijke doelen en ontwikkeling is dat vaak niet. Het doorbreken van je eigen barrières, paradigma's en gedrag is tenslotte het moeilijkste wat er is. Om dit te kunnen heb je warorde nodig, situaties waarin je wel móét proberen je vaste patronen te doorbreken. Mocht zo'n situatie zich gewoon helemaal gratis voordoen, pak deze dan met beide handen aan! Je zult zien dat er zoveel te leren is over jezelf en je kunnen.

So choose your battles wisely! Als processen gaan op een manier die niet de jouwe is, maar jezelf of je project wel de goede richting op bewegen, laat het dan stromen. Observeer en leer, maar ga geen energie steken in vasthouden aan jouw manier of het 'afgesproken' proces. Maar als dingen gaan omdat ze 'altijd zo gedaan worden' en men de nieuwsgierigheid is verloren om een betere manier te onderzoeken, let dan op! Het zou zomaar kunnen dat dit niet bijdraagt aan het hogere doel, flow frustreert en mistgordijnen optrekt. Dit is het moment van doorzetten, vasthoudend zijn, met energie smijten en risico's nemen. Dan heb je lef nodig om de status quo te bevragen of zelfs aan te vallen. Dan moet je doorgaan en blijven graven om de essentie boven tafel te krijgen. Hier heb je de bereidheid nodig om fouten te maken om nieuwe dingen te leren. In je persoonlijke ontwikkeling is dit het moment om door te zetten en jezelf te confronteren met je onhebbelijkheden. Je moet bereid zijn om pijn te willen lijden, diep te gaan, een nieuw gebied aan te boren en antifragiliteit op te bouwen. *Either you win or you learn!*

'De Tour wordt in bed gewonnen.'
Joop Zoetemelk na het winnen van de Tour de France in 1980

SLAPEND LEREN

Dat slaap belangrijk is voor herstel, wist ik al. Maar het beluisteren van een podcast van neurowetenschapper Joe Rogan en *sleep diplomat* Matthew Walker* maakte me pas echt wakker! Slaap is met afstand een van de belangrijkste ingrediënten voor een gezond, zich ontwikkelend en gelukkig leven. Gebrek aan slaap vergroot niet alleen de kans op een hartaanval, kanker en alzheimer, het verkort ook aanwijsbaar

* http://bit.ly/warorde-jrmw

je leven! De uitspraak '*I'll sleep when I'm dead*', die duidt op meer en langer genieten van het leven of harder en beter werken, is compleet misplaatst. Het blijkt dat mensen die minder dan zeven tot negen uur slaap per nacht krijgen korter leven, kwetsbaarder zijn voor ziektes, minder empathisch worden, minder goed beslissingen kunnen nemen, zich minder goed kunnen concentreren en minder productief en effectief worden. Ja, iedereen! Onderzoek wijst uit dat je op korte termijn van minder dan zes uur slaap zelfs 30 procent sneller uitgeput raakt. Krijg je lange tijd te weinig slaap, dan sterven er neuronen in de hersenen af die betrokken zijn bij het reguleren van je slaapritme en je concentratie. Deze schade blijkt onomkeerbaar te zijn. Ook kun je schade aan anderen berokkenen als je zelf niet goed slaapt. De cijfers variëren hier en daar, maar uit een studie van de Amerikaanse AAA Foundation for Traffic Safety, gebaseerd op bijna vijfduizend politierapporten over verkeersongevallen, blijkt dat wie één tot twee uur te weinig heeft geslapen, de volgende 24 uur bijna twee keer zoveel risico loopt op een verkeersongeval als iemand die wel genoeg heeft geslapen. Dat is vergelijkbaar met het ongevalsrisico van de wettelijk toegestane grens van 0,5 promille alcohol in het bloed. Bij wie slechts vier tot vijf uur heeft geslapen, is de kans op een ongeval zelfs vier keer groter en wie minder dan vier uur heeft geslapen, heeft ruim elf keer meer kans op een ongeval! En nog een probleem: terwijl als je gedronken hebt je reactievermogen afneemt, is het gevaar bij slaaptekort dat je helemaal niet meer reageert...

Ik weet wat je nu denkt: maar ík kan wel met weinig slaap toe, dus *no sweat*. Dat valt te bezien. De kans dat jij bij die groep mensen hoort die met vijf tot zes uur slaap toe kunnen, is afgerond 0 procent. Maar je weet het niet, omdat het je beoordelingsvermogen aantast. Sterker nog, je kunt er op de lange termijn forse schade mee veroorzaken.* Beroemde voorbeelden van mensen die lang doorwerkten en weinig sliepen waren Ronald Reagan en Margaret Thatcher; beiden kregen een ernstige vorm van alzheimer, en deze voorbeelden staan niet op zichzelf. Ons beoordelingsvermogen is sowieso krom als het om slaap gaat. Mensen die met weinig slaap toe (denken te) kunnen, worden vaak sterker gevonden. Mensen die weinig slapen en heel hard werken, worden vaak hoger gewaardeerd. Zo kan het dus zijn dat de medewerker die altijd hard werkt, *all nighters* maakt en slaap opoffert voor een belangrijk project hoger gewaardeerd wordt dan degene die goed onderhoud pleegt, betere beslissingen neemt en waarschijnlijk nog prettiger in de omgang is ook!

Wat gebeurt er allemaal in je slaap dat het zo belangrijk maakt om er zorgvuldig mee om te gaan:

- We verwerken de dag.
- We verwerken nieuwe informatie en inzichten.
- Het lichaam werkt aan zijn herstel door de groeihormonen die aangemaakt worden (te weinig geeft daarom de volgende dag een futloos gevoel).
- We voorkomen dat we ons cortisolniveau verlagen, of eigenlijk het ritme verstoren door niet goed te slapen.
- Het lichaam maakt glycogeen aan, een brandstof voor de hersenen die je de volgende dag weer nodig hebt.

* Een normale nacht slapen vermindert de hoeveelheid van het schadelijke eiwit bèta-amyloïd in het hersenvocht. Een nachtje wakker blijven verstoort deze daling en zorgt ervoor dat de hoeveelheid eiwit nagenoeg constant blijft. Bèta-amyloïd speelt een belangrijke rol bij de ontwikkeling van alzheimer. Chronisch slaaptekort verhoogt dus mogelijk de kans op die ziekte, concluderen wetenschappers over de hele wereld.

Laat ik nog een heel groot voordeel van goed slapen uitleggen. Het brein heeft een heel mooie methodiek ontwikkeld om nieuwe, complexe sequenties goed te internaliseren. Het zoekt als het ware het knelpunt in het te leren proces of in het moeilijk te kraken probleem op en gaat daarmee verder aan het werk als jij dat niet meer doet. En wanneer blijkt het brein daar het best in te zijn? Juist, tijdens je slaap! Zo kan het zijn dat na uren ergens op studeren (een berekening, muziekstuk, probleem) de volgende grote stap de volgende ochtend, na een lekker nachtje slapen, komt. Dus niet alleen het uitrusten helpt om ergens weer fris tegenaan te gaan, het brein helpt je slapend verder! 'Slaap er maar eens een nachtje over' is dus niet zo'n gekke uitdrukking. Zelf combineer ik intensief ergens aan werken graag met beweging en andere afwisselende taken, maar regelmatig doe ik overdag ook een kort dutje en merk ik dat de informatie waar ik mee bezig ben als het ware verder is uitgepuzzeld als ik weer verderga. Als ik te moe ben, werkt dit averechts. Het dutje wordt dan al snel een uur en dan is de slaap zo diep geweest dat ik daarna vooral erg traag ben. Blijkbaar te weinig geslapen de nachten ervoor? Laten we stoppen met stress en slaaptekort zien als graadmeters van succes.

'Enthusiasm is the greatest asset in the world.
It beats money, power, and influence.'
Henry Chester, 1832-1914

ENTHOUSIASME

Stel je het volgende voor. Je zoekt een nieuwe geluidsinstallatie en na wat online onderzoek ga je de winkel in om naar de door jou geselecteerde apparaten te luisteren. Al snel besef je dat de enorme hoeveelheid mogelijkheden, de soort muziek, de winkel en de opstelling een objectieve keuze heel moeilijk maken. In de ene winkel word je geholpen door een verkoper die een zeer kundige 'wandelende encyclopedie' blijkt te zijn als het gaat om soorten systemen en technische specificaties. Elke vraag krijg je beantwoord en de verkoper blijft objectief in zijn advies. Aan het einde van het gesprek heb je meer kennis, meer keuzes, en... ben je niets opgeschoten. In een andere winkel tref je een verkoper die jou vragen stelt over je muzieksmaak en wat je zoekt als gebruiker en hij is vooral heel enthousiast dat je bij hem in zijn winkeltje bent gekomen voor advies. Aan het einde van het gesprek voel je je begrepen, heb je zin om met iets nieuws thuis te komen en wil je het gewoon graag bij deze leuke jongen kopen! De set waar je mee thuiskomt, kwam niet eens in je voorselectie voor en was eigenlijk iets boven budget, maar *damn*, wat ben je er blij mee. Het enthousiasme van de verkoper heeft je gegrepen en heeft een speciaal gevoel over je nieuwe aankoop teweeggebracht. Was het ratio? Klonk het beter? Was het de beste deal? Geen idee, maar het was wel de keus die jou het beste gevoel gaf. Het mooie is dat je eigen enthousiasme er waarschijnlijk voor gaat zorgen dat je met nog meer plezier je plaatjes draait. Is dat reëel? Ja, want het is jouw gevoel.

Hoe vaak ben jij echt ergens enthousiast over en houd je het een beetje in? Laat het lekker stromen en deel het. Je zult zien dat je mensen eerder meekrijgt met je ideeën. Een aanstekelijk enthousiasme (en een glimlach) doet wonderen! Ben je meer iemand van de *facts and figures*? Ben je ervan overtuigd dat alles uiteindelijk in een vergelijking met cijfers kan worden gevat en dat vandaaruit de 'echte' waarde, en dus wat beter is, bepaald kan worden? Denk dan eens aan de keren dat je zelf een beslissing hebt genomen omdat het 'goed voelde'. Denk aan de keuze voor je partner, het fijnste restaurant waar je ooit gegeten hebt, de beste wijn die je ooit gedronken hebt, hoe je moet uitleggen hoeveel je van je kinderen houdt, waarom die ene film of dat boek je raakt. Vaak zijn *matters of the heart*, die zich maar moeilijk in een Excelsheet laten vatten, van de allergrootste waarde in ons leven. Onze perceptie van een idee, bedrijf, service, product en ja, zelfs liefde maakt hoe dat voor ons voelt. Onderschat nooit de kracht van de perceptie of zelfs de illusie, de magie die het een boven het ander doet uitstijgen. Vergelijk het met een placebo-effect: de werking is niet aan te tonen en toch werkt het. Voor veel artsen is het placebo-effect een van de belangrijkste effecten van de hele farmaceutische pillenfabriek! Wil je iets creëren en heb je medewerking nodig? Wil je een project starten en resources beschikbaar krijgen? Heb je het gevoel dat dat ene experiment echt gedaan moet worden? Probeer je eigen gevoel van enthousiasme aan te boren om anderen te laten voelen wat er voor magisch zou kunnen gebeuren als het lukt! De kansen die het biedt! Bezorg hun een *possibility rush!*

En onthoud: aandacht smaakt beter en enthousiasme met aandacht is helemaal niet te weerstaan.

'Een chemische analyse van wijn verklaart niet waarom de ene wijn matig is en de andere tongstrelend.'

Gelezen in de *Happinez*-kalender, 16 april 2018

HET 'MAGISCHE' INGREDIËNT

We komen nu op het allerbelangrijkste ingrediënt bij het creeren van geweldige dingen: liefde! Het lijkt zo voor de hand te liggen om liefde erbij te betrekken, maar in de praktijk vergeten we dat maar wat vaak. Zeker in ons 'professionele' leven lijken termen als discipline, efficiëntie, winst, wendbaarheid en taakgerichtheid het belangrijkste vocabulaire. Intuïtie, intentie en creatie zijn net als liefde dingen die moeilijk kwantificeerbaar zijn. Ik heb het vermoeden dat daarin ook een enorme potentie schuilgaat. Zouden deze woorden zo moeilijk kwantificeerbaar zijn omdat de potentie onpeilbaar is?

Voor liefde geldt dit zeker! Hoewel liefde geen woord is dat we vaak in een professionele context gebruiken, ben ik door het boekje *Love Is the Killer App* van Tim Sanders gaan zien dat het juist heel tof is om dat wel te doen.* Liefde gebruiken in je taal, maar belangrijker nog in je handelingen, maakt echt uit. Ik heb mensen om me heen anders zien reageren door het gebruik van liefde. Hoe? Enthousiasme is voor mij een liefdesuiting. Ook het beschouwen van de wereld en de mensen om je heen laat een veel leukere wereld zien dan wanneer je de wereld vanuit scepsis, wantrouwen of zelfs haat bekijkt. Daarnaast biedt het je de mogelijkheid om jezelf te verwonderen en open te stellen voor mogelijkheden in plaats van de luiken dicht te gooien en te verdedigen. En is het niet veel fijner werken met mensen die een beetje lief zijn? Vergeet niet: eerlijk en helder tegen elkaar zijn is ook een vorm van liefde. Ik bedoel dus niet het 'met de mantel der liefde' bedekken van potentieel rotte situaties. Als je geen Steve Jobs bent, dan helpt onverklaarbaar nors, onvriendelijk en nukkig gedrag meestal niet bij het samen creëren van geweldige diensten, spullen of ervaringen. Over het algemeen zou je kunnen stellen dat liefde meer de neiging heeft om te creëren, en dat afgunst en haat meer de neiging hebben om te vernietigen.

Zonder liefde voor het delen van informatie en kennis geen Wikipedia, zonder liefde voor betere en toegankelijkere software geen opensource, zonder liefde voor muziek geen geweldige artiesten, zonder liefde voor verhalen geen boeken. Maar van liefde kun je niet eten, toch? Nee, van liefde alleen niet nee,

* Tim Sanders, *Love Is the Killer App*, 2003.

maar de dingen smaken (voelen, lezen, kijken) wel een stuk lekkerder met dit ingrediënt. Trouwens, van geld alleen kun je zeker niet leven, daarom zijn er veel meer liedjes gemaakt over de liefde dan over geld, denk ik.

Is dit een ode aan de liefde? Nee, maar wel een heel sterke oproep om te (h)erkennen dat liefde een onvoorstelbaar belangrijk ding in het dagelijks leven is – een ding dat je niet thuislaat als je aan het werk gaat en een woord dat je best mag gebruiken in een 'professionele' context: het magische ingrediënt *that makes the world go round.*

'Don't stop me now
I'm having such a good time
I'm having a ball'
Queen, 'Don't Stop Me Now', 1978

6.

VERBETEREN

Ik kan niet genoeg benadrukken dat er geen 'one size fits all'-oplossing is. Verandering van cultuur, houding en mindset van elke organisatie zit immers besloten in de individuen (met hun intenties en acties) die deze organisatie vormen. En individuen zijn, zoals het woord al zegt, uniek. Een staat

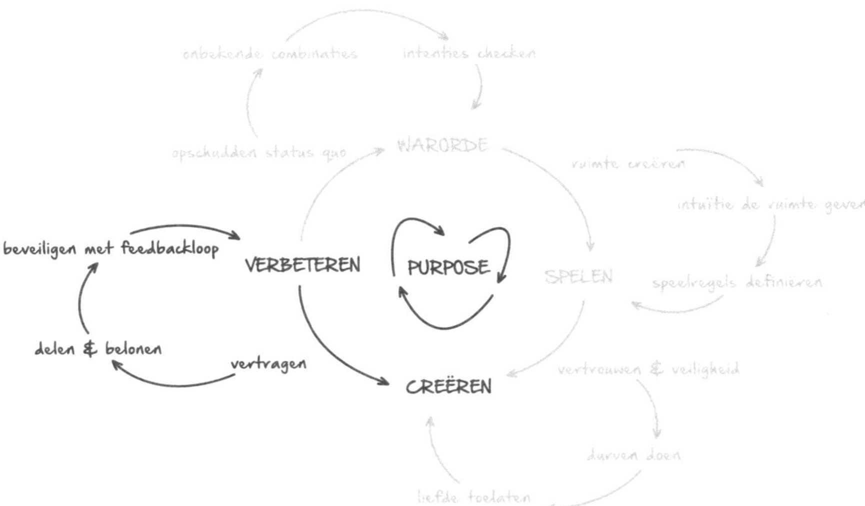

van Permanent Beta betekent daarnaast per definitie dat de oplossingen ook tijdelijk zijn. Hoewel veel (grote) organisaties dezelfde eigenschappen en reflexen vertonen, heeft ieder individu een eigen aanpak nodig. Die aanpak vereist meer of minder ruimte, meer of minder externe motivatie en meer of minder vrijheid. Maar om die ruimte, motivatie en vrijheid om te kunnen bewegen en ontwikkelen te vinden hebben we telkens de inspiratie van het onbekende, de veiligheid van vertrouwen en de reflectie van korte feedbackloops nodig. Het oude, verkrampende model van comfort en crisis waar consolidatie en schijnveiligheid centraal staan, kunnen we dan transformeren in een model van spelen met warorde, waarin nieuwsgierigheid en weerbaarheid een belangrijke rol spelen.

Wees niet angstig om warorde toe te laten, we hebben jarenlang de dynamiek van de orde aangejaagd met kpi's, regels, procedures, bureaucratie en hiërarchieën. Deze dynamiek laat zich niet zomaar ombuigen, er mag best een beetje tegenaan geduwd worden.

HOE DAN?

'Maar waar moet ík beginnen, hoe creëer ík die ruimte, hoe stimuleren we onze mensen om meer lef én vertrouwen te tonen, hoe zorg ik ervoor dat de boel niet ontspoort?' Deze vragen, en wellicht nog een paar meer, zullen bij je opkomen. En hoewel er in dit boek tal van tips, verwijzingen en metaforen verwerkt zitten, kan het inderdaad moeilijk zijn om te beginnen. Geef je leiding aan een team, proces, afdeling of heel bedrijf? Begrijp dan dat jij degene bent die het voorbeeld dient te geven. Voor iedereen geldt: toon lef, laat de buitenwereld binnen, omarm nieuwe inzichten, vertrouw op jezelf en degenen die wel eens een fout maken, maar dat altijd doen in hun drang om dichter bij het hogere doel te komen. Wees helder in je doelen en onzekerheden, dat creëert kaders én biedt ruimte voor verbetering. Wees vergevingsgezind en toon liefde, maar vecht als een leeuw als dat nodig is. Onderzoek nieuwe paden en routes, maar wijk nooit af van je innerlijke kompas. Blijf dromen over wat allemaal kan én controleer tegelijkertijd aannames door korte feedbackloops. Vertraag om jezelf (en anderen) op te laden voor de volgende versnelling. Bevraag de status quo!

'Je gaat het pas zien als je het doorhebt.'
Johan Cruijff, 1947-2016

DE TEKENEN HERKENNEN

Het leven waarschuwt je vaak als er iets aan de hand is: een pijntje in de onderrug, een zeurend gevoel in je lichaam, je stoot je vaker dan anders aan tafels, stoelen en mensen. Ook in samenwerkingen zijn er veel signalen die duiden op een latente ontsteking in het organisme van het construct (een organisatie is niet voor niets gerelateerd aan het woord 'organisme'). Het moeilijke is om te herkennen wat de signalen zijn en vervolgens kunnen luisteren. In het verleden ben ik er te vaak (te) laat achter gekomen dat een verandering al was ingezet, terwijl ik dacht comfortabel achterover te kunnen leunen. En ik zie dat ik daar niet uniek in ben. Op alle niveaus en in alle lagen en rollen zie ik mensen hiermee geconfronteerd worden. En ook mensen die zich bewust zijn van dit gegeven, lopen wel eens in de valkuil van het 'overrulen' van wat het gevoel of het lichaam aangeeft. Het lijkt soms alsof we de antennes die onze voorouders hadden om te kunnen overleven een beetje zijn kwijtgeraakt. Wat ik denk, is dat het feit dat onze omgeving veel sneller verandert dan wij als mens evolueren, een heel belangrijke rol speelt. En dit terwijl je bewust zijn van je omgeving en constateren dat er veel meer invloeden op de loer liggen dan zich in jouw comfortabele zone manifesteren, onmisbare eigenschappen zijn, zeker in een wereld waarin digitalisering en technologische ontwikkelingen voor een snel veranderend landschap van onze maatschappij zorgen.

En laten we eerlijk zijn, het valt nog niet mee: constateren (en dus erkennen) dat je te weinig openstaat voor veranderingen en vooral de invloed die deze op jou zouden kunnen uitoefenen. Het is één ding om dat van je bedrijf, organisatie of afdeling te zien en te erkennen, maar dat je daar zelf wellicht onderdeel van bent, is van een heel andere orde. Als de business booming is, de lijstjes met papieren doelstellingen kunnen worden afgevinkt of het gewoon eigenlijk best oké gaat, is het moeilijk om kritisch te zijn. En juist op de top van de berg moeten we kunnen zien wanneer de afdaling moet worden ingezet om op tijd het juiste pad naar een nieuwe piek te vinden.

Een paar signalen die je kunnen helpen te constateren dat comfort wel eens heel snel in crisis zou kunnen veranderen.

Als je jezelf hoort zeggen of denken:

- 'Ja, ik snap dat dat daar zo gebeurt, maar ons werk is zo specialistisch dat je dat onmogelijk op onze situatie kan toepassen.'
- 'Gelukkig is ons businessmodel veilig, toch?'
- 'Het zal nooit mogelijk worden dat een machine dit beter kan dan een mens.'
- 'Wij zijn de experts, daar kan toch geen beginnend bedrijfje met zo weinig resources tegenop?'

Als dit vaker gebeurt:

- 'Die talentvolle dame? Die is weg, het ging haar te traag.'

- ‘Die slimme jongen? Die is ook al voor zichzelf begonnen.’
- ‘Alweer een startup die zegt dat ze ons werk kunnen digitaliseren, we zien wel...’

Als je collega’s hoort zeggen:

- ‘Ja, hoor eens even, dat klinkt best logisch wat je daar zegt, maar de procedure schrijft iets anders voor.’
- ‘Inderdaad, ik ben heel enthousiast over dit idee, maar mijn manager zei dat ik het maar even op papier moest zetten en daarna heb ik niks meer gehoord.’
- ‘Heel belangrijk, maar daar hebben we geen tijd voor.’
- ‘Dat is niet mijn afdeling.’
- ‘We vergaderen hier meer dan dat we echt iets doen.’
- ‘Waarom we hier doen wat we doen? Dat is volgens mij niet heel duidelijk.’
- ‘Waar we naartoe gaan? Dat weet het management zelf ook niet, geloof ik.’

Of misschien denk je nu iets als:

- ‘Ja, ik zie dat veel daar en daar, maar in mijn branche gelden echt andere regels.’
- ‘Nee joh! Als manager hoor ik nooit dit soort dingen. En wij zijn een heel transparant bedrijf, dat gebeurt niet bij ons, toch?

En je kunt natuurlijk ook de ‘Ja-maar’-poster van Berthold Gunster (Omdenken) bestellen.

Er zijn allerlei signalen die op een sluimerende crisis kunnen duiden: van binnenuit, van buitenaf, door technologie, regelgeving, werkdruk, economische omstandigheden of wat dan ook. Waar ik op doel, is dat je je bewust moet zijn van de omgeving buiten je bubbel. Dit is een essentieel onderdeel van voorbereid zijn op verandering. Voordat iemand anders je in een crisis duwt, kun je maar beter zelf uit je comfortzone stappen. Er zijn talloze manier waarop je dat kunt doen, maar een paar tips wil ik je niet onthouden:

- Boeken, lees boeken. Niet alleen nieuwe, maar vooral ook oude die gedurende langere tijd hun waarde hebben bewezen. Lees vooral boeken die niets met je vakgebied of functie te maken hebben. Mocht je behoefte hebben aan tips: door het boek heen put ik uit verschillende bronnen. De belangrijkste tip: kom je iemand tegen die jou weet te inspireren of een gedachtepatroon heeft ontwikkeld dat jou prikkelt, vraag dan naar de top vijf van de meest invloedrijke boeken die deze persoon ooit heeft gelezen.
- Reis. Natuurlijk kan lang niet iedereen reizen naar verre landen en inspirerende plekken. Maar je zult je erover verbazen wat er allemaal te beleven is als je met de trein naar Groningen of Maastricht gaat. In je hoofd kun je ook prima reizen; mensen die wel eens geleide meditatie doen, weten wat ik bedoel.
- Ontmoet. En dan echt andere mensen ontmoeten. Zet je vooroordelen opzij en praat eens met zo'n gesubsidieerde kunstenaar, maffe nerd, zelfingenomen ondernemer of zogenaamd luie ambtenaar. Mijn ervaring is dat mensen voor wie je in eerste instantie weerstand kunt voelen je veel te vertellen hebben.
- Sta jezelf een uurtje vrij associëren toe. Verlies jezelf bijvoorbeeld even helemaal in gekke filmpjes, vreemde fora of juist alledaagse verhalen op het net.
- Neem eens een andere route naar huis, bestel een onbekend gerecht, gooi je agenda om, doe een workshop kleien. Alles om de neuroplasticiteit van je hersenen te bevorderen. Dit gaat bovendien conditionering tegen.

'Mediteer elke dag twintig minuten. Tenzij je het te druk hebt. Mediteer dan een uur.'
Oude zen-wijsheid

VERTRAGEN OM TE KUNNEN VERSNELLEN

Zoals we aan het begin van hoofdstuk 1 zagen, is onze historie er een van meer mogelijkheden en efficiëntie aanbrengen door hulpmiddelen te creëren, en dat heeft ons enorm veel gebracht. Maar de versnelling waar we de laatste tijd middenin zitten, heeft allerlei keerzijden. Een paar daarvan passeerden al eerder de revue. Een andere is dat we paradoxaal genoeg de tools die we tot onze beschikking hebben, en die elk jaar weer beter, sneller en slimmer worden, steeds minder goed doorgronden – omdat we er geen tijd voor vrijmaken. Is het niet vreemd dat we als digitale kenniswerkers zo weinig tijd en aandacht steken in de allerbelangrijkste gereedschappen die we ter beschikking hebben? Vanaf de basisschool tot in de professionele werkomgeving is er bar weinig tijd om te leren spelen met de mogelijkheden. En we moeten ermee leren spelen juist omdat die mogelijkheden steeds veranderen. Nieuwe apps proberen, samenwerkingstools testen, combinaties maken die voor jou persoonlijk het best werken: het is een continu proces van klooien en uitvogelen. Echter, in plaats van te spelen met de mogelijkheden blijven de meesten van ons (uit weerstand tegen verandering?) vasthouden aan het gebruik van dezelfde wordprocessor, gebruiken we mail als een soort organisatietool en archief voor van alles en nog wat, printen we vrolijk van alles uit wat gedeeld moet worden, wachten we tot we een wachtwoord kwijt zijn en gaan dan de tijdrovende procedure van het opvragen van een nieuwe in (of erger nog: we hebben een wachtwoord voor alles!), en we laten de back-up maar even voor wat die is, want uitzoeken hoe dat werkt... Als kenniswerker mét digitale vaardigheden zie ik de kloof tussen de relatief kleine groep mensen die de computer voor hen laat werken en een grote groep die zich worstelend met de computer door de dag heen baant steeds groter worden.

Een logische en menselijke reactie op versnelling is om het eigen tempo óók omhoog te gooien. We gaan nog 'harder' werken, meer vergaderen, stukken lezen, elkaar mails sturen en proberen de strijd met de overvloed aan data, digitale tools en die verdraaide computer te winnen door te versnellen. Continu proberen het tempo bij te houden heeft echter het nare effect dat je het overzicht kwijtraakt. Het gevoel achter de feiten aan te lopen wordt alleen maar groter en daarmee ook het gevoel van urgentie om nog sneller te gaan. Vaak gaat dit ten koste van de ruimte in het hoofd (en het lichaam), en levert dit meer stress op, met alle gevolgen van dien! Slechter slapen, minder bewegen en onregelmatig (en vaak slechter) eten zorgen voor een minder productief hoofd en lijf. Schuldgevoel over de verminderende productie proberen we weg te werken door nog wat meer uren te investeren en het stressniveau gaat verder omhoog.

Het antwoord op de versnelling is gek genoeg: regelmatig vertragen. Er zijn meerdere redenen voor te bedenken, maar laat ik met de allerbelangrijkste beginnen.

Ten eerste is er het vernietigende effect van te veel stress op je brein. Het is al zo dat wanneer we onszelf niet aan nieuwe prikkels blootstellen, het aantal verbindingen in onze hersenen lijkt af te nemen. Echter, te veel stress blijkt nog veel schadelijkere gevolgen voor de verbindingen in ons brein te hebben; het blijkt zelfs neurotoxisch te zijn. Wanneer we stress ervaren, maakt het lichaam adrenaline en noradrenaline aan. Zoals je waarschijnlijk weet, zorgen deze stoffen ervoor dat je alert wordt en in actie komt, het lichaam wordt in opperste staat van paraatheid gebracht om gevaarlijke situaties beter aan te kunnen. In de tweede fase van een stresssituatie maakt de bijnierschors het hormoon cortisol aan. Cortisol zorgt ervoor dat je in een langere vlucht- of vechtsituatie overeind blijft. Het optimaliseert als het ware een aantal systemen om je staande te houden. Het probleem is natuurlijk dat een stresssituaties vroeger bestond uit bijvoorbeeld de aanval van een beer, of onderdak moeten zoeken vanwege noodweer, maar dat ons stresssysteem nu veel vaker getriggerd wordt door allerlei 'bedreigingen'. Deze bedreigingen zijn weliswaar minder acuut, maar het lichaam reageert voor een groot deel nog altijd hetzelfde met de aanmaak van adrenaline en vervolgens cortisol. Met name sluimerende stresssituaties (waarvan we de neiging hebben die te ontkennen) zorgen voor een langdurig verhoogde cortisolspiegel. We wisten al langer dat een te hoge concentratie cortisol (of te lange aanwezigheid van een verhoogde concentratie) voor uitputting van het lichaam zorgt en allerlei nadelige gevolgen kan hebben zoals slapeloosheid, afbraak van spieren en een verhoogd risico op ontstekingen. Onlangs heeft de wetenschap echter ontdekt dat hoge concentraties cortisol neurotoxisch* zijn en om die reden een belangrijke oorzaak van burn-out en mogelijk depressie kunnen zijn. Maar ook als men niet in een burn-out of overspanning terechtkomt, heeft langere tijd achter elkaar onder (hoge) spanning leven negatieve gevolgen voor het concentratievermogen en de creativiteit en het kan een verminderde weerstand veroorzaken.

* Waardevolle vertakkingen (genaamd dendrieten) in het brein worden vernietigd. Dendrieten vormen een deel van de 'bedrading' van het neurale netwerk van je brein. Vanuit elk neuron (zenuwcel) kunnen meerdere vertakkingen (dendrieten) vertrekken. Deze dendrieten vormen een soort kleine antennes die chemische signalen (via neurotransmitters) voor het neuron kunnen opvangen. Dendrieten zijn dus een zeer belangrijk onderdeel van het communicatiesysteem van de naar schatting honderd miljard zenuwcellen waaruit de hersenen bestaan.

Regelmatig vertragen is essentieel om op langere termijn goed te kunnen blijven functioneren, ook (of juist) als je nog geen burn-out hebt...

Een tweede reden om regelmatig te vertragen is om overzicht te krijgen en te behouden. Wie ziet er meer: degene die probeert op dezelfde snelheid met alle ontwikkelingen mee te rennen, of degene die regelmatig even vertraagt om te kijken wat er allemaal aan hem voorbijtrekt? De vraag stellen is hem beantwoorden. Degene die vertraagt, mist soms de allernieuwste ontwikkeling of gadget, maar krijgt een beter beeld van de richting die een ontwikkeling op beweegt en de bijbehorende dynamieken, en weet beter te beoordelen wanneer iets een langdurige impact kan hebben.

Onthoud: je wilt sprints, geen constante hoge snelheid.

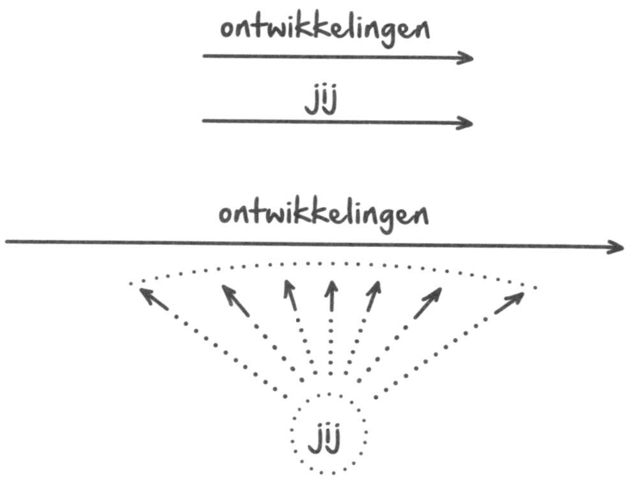

De derde reden is dat we, zoals gezegd, meer tijd moeten nemen om de mogelijkheden van alle technologische tools uit te vogelen.

Steeds harder werken om met verouderd gereedschap de

snelheid om je heen bij te houden: dat klinkt onlogisch en toch is dat precies wat er veel gebeurt. Niet alleen legacy-systemen, dichtgetimmerde netwerken en verouderde software in organisaties houden ons tegen. Kijk vooral eens naar je eigen rol hierin. Hoe vaak neem jij de tijd om eens met die nieuwe app te spelen waar die handige collega het over had? Hoeveel kans geef jij die nieuwe samenwerkingstool die onlangs geïntroduceerd werd door er eens goed voor te gaan zitten? Ik zie nog altijd mensen die hun computer als typemachine gebruiken, een tekstje uitprinten (of laten printen...) en dat dan delen met anderen om te lezen. Het is zoiets als je land blijven bewerken met een os en ploeg omdat je geen tijd neemt om uit te vogelen hoe die tractor werkt.

Dus: regelmatig vertragen helpt je niet alleen gezond te blijven, het overzicht te houden en je lerend vermogen te versterken, het helpt je ook om de volgende versnelling beter te zien aankomen en erop te reageren! Hierna gaan we dieper in op de belangrijkste manier van vertragen: slapen.

'You've got to think about big things while you're doing small things, so that all the small things go in the right direction.'
Alvin Toffler, Amerikaans futuroloog en publicist, 1928-2016

FORMULEER EEN HELDERE PURPOSE

Denk er goed over na; zo simpel is het echt niet om een heel duidelijke why of purpose te omschrijven. Kijk maar eens om je heen: hoeveel organisaties hebben niet vele alinea's of zelfs bladzijden vol met letters nodig om hun visie en missie te verwoorden? Het vervelende is dat de boodschap hierdoor vaak aan kracht inboet. Stel, je vraagt aan iemand waarom hij aan een bepaald project werkt en er komt een enorm verhaal en geen heel duidelijke kern. Ik krijg dan altijd het idee dat men zelf nog niet precies weet wat de bedoeling is. Als jij zelf niet overtuigd bent, wordt het verdomd lastig om een ander te overtuigen, laat staan een heleboel anderen. Voor een organisatie met veel mensen, van wie een deel ook nog ver van het uiteindelijke doel staat, is het nog veel belangrijker om een heel duidelijke omschrijving van de missie te hebben. Het is niet zozeer de kunst om zo veel mogelijk woorden te produceren om iets als een missionstatement te omschrijven. Het is de kunst om met zo min mogelijk woorden een zo helder en voor weinig andere interpretaties vatbaar doel te omschrijven. Dit is een van de redenen waarom ik in de begintijd een fanatiek Twittergebruiker was: in een wereld van het (gratis) digitale woord en de daaropvolgende woordendiarree vond ik de restrictie van 140 tekens een verademing. Blaise Pascal (1623-1662) schreef lang geleden al: 'Ik schrijf je een lange brief, want ik heb geen tijd voor een korte.'

Laat me je wat tips geven om tot een heldere (en dus sturende) omschrijving van een doelstelling te komen.

Heb je inspiratie nodig, dan adviseer ik je om te beginnen met kijken naar het filmpje van Simon Sinek waarin hij zijn gouden cirkel uit de doeken doet. Daarna kan het handig zijn om eens te googelen op 'Big Hairy Audacious Goal', het Massive Transformative-principe uit het boek *Exponentiële organisaties*, en/of het boek *Moonshot. The Flight of Apollo 11* te lezen. Het moonshot-concept, dat zo populair is in Silicon Valley, is uiteraard geïnspireerd op de beroemde speech van JFK in mei 1961.

Ga daarna als volgt te werk:

1. Bedenk goed in welke 'handel' je zit, met andere woorden: wat moet er opgelost zijn aan het einde van al het

organiseren? Moeten er zo veel mogelijk taxi's van jou rondrijden of ben je de vraag-en-aanbodpuzzel van de menselijke logistiek aan het oplossen? Moeten er zo veel mogelijk bonnen uitgeschreven worden of moet het gedrag van mensen positief beïnvloed worden, moeten er zo veel mogelijk diploma's worden behaald of moeten zo veel mogelijk mensen goed voorbereid de maatschappij in? Gebruik de metafoor 'als ik een gat kan kopen, hoef ik geen boortjes meer te bezitten'. Met andere woorden: zit je in de boortjesbusiness of in de gatenbusiness? Stel jezelf vijf keer de vraag 'waarom?'. Dan kom je tot de echte vraag; vaak zitten we op een te operationeel niveau om tot de essentie te kunnen komen.

2. Als jij als eigenaar of CEO een duidelijk beeld van je purpose hebt, schrijf dat dan heel helder en kort voor jezelf op. Ook als je in de positie zit waarin je leiding moet geven aan dit proces en er meerdere mensen bij moet betrekken, bedenk dan eerst je eigen mening hierover.
3. Betrek zo min mogelijk mensen bij het proces! Dit is een veelgemaakte fout. Omdat men denkt dat het betrekken van zo veel mogelijk mensen voor meer draagkracht zorgt, wordt het formuleren van een missie vaak een Poolse landdag met als resultaat een lang document waar niemand echt tegen is, maar dat geen sturende en al helemaal geen transfomatieve kracht heeft.
4. Probeer niet alles in één document te zetten. Maak niet de fout om te proberen én de missie én de visie én de cultuur én de doelgroep én het businessmodel in een 'ding' samen te vatten. Een hoger doel mag kort en wat abstract zijn en vooral voor lange tijd geldend. Al het andere kan, mag of moet veranderen. Het kan ook een goed idee zijn anderen erbij te betreken. Als je begint met een bedrijf, team, afdeling of wat dan ook, realiseer je dan dat je de

cultuur meestal meteen kweekt en dat je die dus maar beter meteen goed in het oog kan houden.

5. Vraag aan een paar mensen die je vertrouwt en die eerlijk tegen je zijn (en dus liefst geen belang hebben in het hogere-doeldocument) om het te lezen en vraag hun dan wat zij denken dat het betekent. Doe dit later ook met de teksten waarin je de verdere spelregels van je organisatie uitlegt. Wordt het duidelijk wat voor gedrag en skills er van de mensen verwacht wordt?
6. Ben je tevreden, zorg dan dat iedereen de purpose/why/missie kan dromen! Maak een mooie poster waarin de boodschap van de missie verborgen zit, lanceer die op een ludieke manier, en maak van alle mensen ambassadeurs van jullie hogere doel!

Heb je alles gedaan en maanden campagne gevoerd en nog lukt het niet om de missie in alle lagen te krijgen? Dan heb je waarschijnlijk te veel lagen en/of mensen die er stiekem geen zin in hebben. Je weet dan wat je moet doen: een beetje warorde injecteren om de boel op te schonen.

VRAAG NAAR HET DOEL

Soms is het goed om stil te staan bij de manier waarop in de natuur dingen geregeld zijn, en dat af te zetten tegen de manier waarop wij mensen zaken hebben georganiseerd. Terwijl in de natuur alles een functie voor het ecosysteem heeft, hebben wij mensen de onbedwingbare behoefte om dingen te produceren, te verzamelen en te waarderen die geen waarde voor het ecosysteem hebben. Daar waar in de natuur de reden van bestaan of gedrag een logische is, is dat bij ons mensen lang niet altijd zo. Mij is opgevallen dat wanneer ik in een organisatie kom en vraag waarom iets wat mij onlogisch lijkt zo is ingeregeld, ik vaak een antwoord krijg dat ingaat op de historie van een proces, een andere regel die het voorschrijft of de (on)kunde van collega's. Maar ik hoor niet wat het toevoegt aan het uiteindelijke doel. Soms lijkt het alsof wanneer men de stupiditeit van een regel of procedure zelf inziet, de argumenten waarom dat in deze organisaties zo moet in omvang en kracht toenemen. En hoewel deze verdedigingsreactie volledig te begrijpen valt, is ze dodelijk voor de ontwikkelkracht van een organisatie (of wat voor ecosysteem dan ook). Juist omdat we zo snel ontwikkelen en niet miljarden jaren hebben om te optimaliseren, moeten we ook in onze methodieken snelheid van verandering aanbrengen. De enige manier is om kritisch te blijven op de status quo en deze te blijven bevragen. Hoe? Door eerst heel goed naar twee dingen te kijken:

1. Het doel waarvoor iets is opgetuigd en dat het construct in de praktijk vervolgens 'uitpoept'. Het doel zorgvuldig bestuderen kan op zichzelf al verassend inzichtelijk blijken: soms is iets helemaal niet meer nodig. Is er geen heel goede bijvangst (zie punt 2)? Opdoeken die handel!
2. De uitkomst bestuderen. Bekijk alle aspecten in elk detail en laat ze zonder oordeel op je inwerken. Wat is de netto-opbrengst? Dit hoeft zeker niet alleen in geld te worden uitgedrukt. Het kan ook werkplezier, gezondheid, levensvreugde of speelruimte zijn. Brengt de opbrengst je niet dichter bij het eerder gestelde doel? Dán wordt het tijd om de procedure onder de loep te nemen. Doe dit eens in een omgekeerde volgorde en stel jezelf de volgende vragen: als ik dit weg zou laten, wat gebeurt er dan? En: als ik nergens rekening mee zou hoeven houden, hoe zou ik het dan idealiter willen laten ontstaan?

Kort gezegd, daar waar we ons vaak op de procedure concentreren (het is tenslotte waar we een groot deel van de dag mee bezig zijn), doe je voortaan iets anders: sla het tussenstuk (de procedures) eens over, laat de 'machine' zelf even voor wat die is. Bestudeer en doorgrond het doel (de bedoeling, purpose...) weer eens heel goed, en observeer daarna de uitkomst van wat de 'machine' produceert. Wees scherp, wees eerlijk en wees meedogenloos in *cutting out the bullshit.*

RUIMTE VOOR CREATIE MAKEN

Innovatie (of welke ontwikkeling ook) is een complex proces van pieken en dalen waarvan je niet weet wanneer de stijging of de daling wordt ingezet. Met andere woorden: ben je op een hopeloos dalend pad terechtgekomen of heb je juist een stijging naar een nieuwe piek aangeboord? Als je bekend bent met de s-curve-theorie,* dan weet je dat welhaast elk product (en elke dienst) een lifecycle laat zien met fasen van 'broeden' en ontwikkelen, tractie en groei, volwassenheid en uiteindelijk discontinuïteit. De wet van de afnemende meeropbrengst voorspelt bovendien dat het optimaliseren van een (succesvol) proces steeds meer resources zal vragen en op enig moment procentueel steeds minder zal opbrengen. Deze economische wetmatigheid lijkt van toepassing te zijn op productie, marketing, sport en tal van andere zaken waarbij we prestaties of output willen optimaliseren. In je persoonlijke leven zul je vast

* De s-curve, een wiskundig model dat ook wel de logistieke curve wordt genoemd, beschrijft de groei van één variabele in termen van een andere variabele in de tijd. s-curven zijn te vinden in velden van biologie en natuurkunde, bedrijfsleven en technologie. In het bedrijfsleven wordt de s-curve gebruikt om de prestaties van een bedrijf of een product gedurende een bepaalde periode te beschrijven en soms te voorspellen.

ook wel eens gemerkt hebben dat de eerste 80 procent van iets gedaan krijgen relatief veel minder energie kost dan de volgende 10 procent. De laatste stappen om tot 95 of 100 procent te komen lijken nog wel meer energie te kosten dan de eerste 80 procent bij elkaar! Je kunt dit waarnemen op tal van plekken en situaties in je leven. De inspanning om net wat beter te worden dan een gemiddelde spreker, sporter, gitarist of kok zijn ook onevenredig hoog. Daarmee wil ik niet zeggen dat het het niet waard is om voor de top te gaan. Het verschil in 'gewoon goed' of 'fantastisch' is natuurlijk enorm belangrijk! Mijn leven is veel leuker door al die fantastische muzikanten, geweldige koks en inspirerende atleten. En voor een aantal dingen in het leven ga ik maar wat graag die *extra mile*. Wat ik wel wil zeggen, is dat er werk- en privésituaties zijn waarin je beter iets nieuws kunt proberen dan trachten hetzelfde ding te blijven verbeteren.

Heb je dat ook wel eens, dat het net lijkt of iedereen om je heen exact weet wat hem te doen staat, waar zijn 'passie' ligt? Tip één: ga een tijdje van sociale media af, dat helpt ontzettend! Zonder gekheid, iedereen worstelt wel eens (of vaker) met zijn persoonlijke doel in het leven. Op zo'n moment kan het helpen om jezelf een heel nieuwe vaardigheid aan te leren. Probeer een muziekinstrument te leren bespelen, ga schilderen of probeer eens iets moois in elkaar te knutselen als je veel met je hoofd werkt. De meeste mensen hebben meer dan één talent, je moet gewoon veel dingen uitproberen om erachter te komen waar jouw talent, je energie en datgene wat je aan waarde kunt toevoegen in de wereld (mag ook vlakbij) bij elkaar komen. Weer zo'n paradox! Soms kom je er pas achter wat je hogere doel is door gewoon te gaan doen en gaandeweg je richting te ontdekken. Misschien betekent dit dat je op een hoger abstractieniveau al 'weet' wat voor impact je wilt hebben of wat belangrijk is voor jou.

HET SPEELVELD AFBAKENEN

Hoe ziet het ideale speelveld eruit? Als ik denk aan vroeger, als kind, dan is dat de ene keer een grasveld, de andere keer zijn dat de duinen en het strand en als fanatiek wintersporter natuurlijk de bergen! De mooiste speelvelden vond ik altijd degene die een beetje spannend waren, waar heel veel te ontdekken viel maar waar ik 's avonds wel weer lekker veilig naar huis kon. Dingen bouwen, dat vond ik ook geweldig. Vooral met spullen die overal op het speelveld te vinden waren. Zo was er tijdens een grote verbouwing naast de winkel van mijn ouders (waar we toen nog boven woonden) een enorme bouwplaats. C&A was daar een nieuw pand aan het optrekken. Doodzonde natuurlijk in de historische binnenstad van Amersfoort, maar dat zag ik toen nog niet. Wat ik wel zag was een grote, spannende speelplaats die steeds weer een beetje veranderde en daardoor elke keer opnieuw ontdekt moest worden. Voor mij was de speelplaats lange tijd goed toegankelijk omdat ik zo vanaf onze bovenverdieping, hop, de in aanbouw zijnde verdiepingen van de C&A op kon. Een beetje onveilig, maar daarom des te leuker voor een nieuwsgierige aap als ik was (ben). In jouw leven was er vast ook wel een plek waar je kon spelen, ontdekken, soms een beetje beschadigd vandaan kwam maar die altijd spannend en toch veilig genoeg was om naar terug te keren.

Als je een beetje terug bent op speelplekken uit je eigen jeugd, kunnen we gaan onderzoeken hoe een speelveld voor volwassenen eruit zou kunnen zien. Net als in je jeugd kan een speelveld veel verschijningsvormen hebben. In abstracte zin lijkt het me van belang om een gebied te creëren waarin het onbekende kan worden opgezocht, waar fouten mogen worden gemaakt en waar we van elkaar leren omdat we niet precies weten wat we doen en dat ook gewoon kunnen toegeven.

Een veilige experimenteerplek als het ware. Het is goed om te definiëren wat het ideale speelveld is dat jij voor jezelf, je project of je teams nodig hebt, of in ieder geval aan welke voorwaarden dat zou moeten voldoen. Ik zal een aantal suggesties doen waarmee jij en je medespelers kunnen experimenteren:

1. Hoewel een speelveld lekker de ruimte moet bieden, is het wel van belang dat we weten waar het begint en waar het eindigt. Een speelveld zonder grenzen is geen duidelijk gebied meer, maar onveilig groot en met te veel spelers.
2. Als er anderen op het speelveld zijn, moeten die dat wel weten, dat maakt vrij denken en delen een stuk eenvoudiger.
3. Spelregels afspreken is dan van belang. Laat ze kort, helder en bescheiden in aantal zijn.
4. Door een aantal zaken veilig te maken kun je het spannende opzoeken. Vertrouwen en vergevingsgezindheid zijn van cruciaal belang.
5. Deel de ruimte, je inzichten en je speeltjes.
6. Als iemand valt, help je elkaar met opstaan, doet iemand zich pijn, dan troost je hem, maakt iemand een fout, dan vergeef je hem. Blijft iemand dezelfde fouten maken, dan vertel je dat eerlijk vanuit behulpzaamheid en laat je zien hoe jij dat probeert op te lossen.

Heb je de voorwaarden helder en gaat het spelen je steeds beter af? Probeer die voorwaarden dan eens toe te passen om allerlei situaties in het alledaagse volwassen leven wat speelser tegemoet te treden.

Nog twee dingen die van groot belang zijn voordat je een speelveld betreedt en veilige experimenten wilt gaan uitvoeren.

PAS OP VOOR DE POEP!

Stel dat je gaat buitenspelen, wat is dan het allervervelendst? Ja, vallen en jezelf pijn doen is naar, maar er is nog iets veel vervelenders: hondenpoep! Voordat je gaat spelen, is het dus van belang om te kijken of de poep – de bullshit – is opgeruimd én of jij en je medespelers geen bullshit meenemen. Onthoud: uitglijden over poep is heel naar, erin vallen vreselijk maar het allerergst is als het je eigen bullshit blijkt te zijn!

Bullshit komt in vele vormen en stinkt niet altijd meteen (sorry voor de metafoor), daarom is het soms zo lastig te herkennen. Een goede manier om een bullshitradar te ontwikkelen is dicht bij jezelf blijven. De tips uit het vorige hoofdstuk over intuïtie, essentie en vertragen kunnen je daarbij helpen. De intentie van je medespelers checken is ook hier weer belangrijk.

Bij Young Capital hebben ze zelfs een 'bullshitdetector' voor vacatureteksten. 'Salestijger', 'proactieve spin in het web', 'hands-on mentaliteit' en andere nietszeggende jeukwoorden komen er niet in. Sterker nog, een filter zorgt dat vacatures met dit soort woorden niet als vacature uitgestuurd kunnen worden. Volgens de mannen van Young Capital sla je met corporate bullshit zelfs tweemaal de plank mis. Jongeren willen werken in een informele sfeer waarin ze precies weten wat er van hen verwacht wordt. Niet alleen is dit binnen de organisatie verstikkend, maar door de verkeerde manier van aanspreken komen de getalenteerde jongeren die men hard nodig heeft om te vernieuwen niet eens op de vacatures af.

Rubber valt fijner dan beton

Bij spelen hoort vallen en opstaan. Bij ontwikkelen hoort fouten maken en daarvan leren. Het maakt ons sterker, weerbaarder en zorgt dat we blijven opletten. We stoppen pas met leren als we niet meer durven te vallen. Heb je wel eens iemand geobserveerd die probeert te skiën maar niet wil vallen? Juist, de kramp schiet erin en de ontwikkeling vertraagt of stopt of de persoon stopt helemaal met proberen. Vallen in de sneeuw, het gras of het zand is nog te doen, vallen op beton is veel pijnlijker. Beton geeft niet mee. Vandaar dat er op allerlei plekken rubberen tegels bij speeltoestellen liggen; rubber is namelijk een stuk flexibeler en vergevingsgezinder. Zorg dus op je eigen speelveld ook voor een beetje (niet té!) zachte ondergrond. In beton gegoten regels helpen niet bij durven vallen, en een beschadigde knie maakt opstaan een stuk moeilijker.

Warorde opwekken

Je kunt warorde op verschillende niveaus toepassen. Hier een paar voorbeelden waarmee je chaos gecontroleerd kunt injecteren in jouw omgeving, op verschillende niveaus van disruptie.

NIVEAU 1. 'SIMPELE' VERWARRING: HACK DE VERGADERING

Het zal je niet verbazen dat ik niet zo van vergaderen houd. Ik ervaar vergaderingen meestal als saai, te lang, met te veel mensen, te warm en te weinig effectief. Geef mij maar tienminutenmeetings, het vuurwerk (als het er al komt) zit toch meestal in de eerste of laatste tien minuten. Verwar dit niet met een creatieve sessie, want daar moet je juist lekker de tijd en ruimte hebben om te kunnen divergeren, associëren en convergeren. Ook als je wel een echte vergadertijger bent, kan het nuttig zijn om eens een vergadering in te korten. Hoe? Heb jij je tijdens een vergadering wel eens afgevraagd waarom een bepaalde collega erbij zit? Heb je je wel eens afgevraagd waarom jíj erbij zit? Heb je je wel eens afgevraagd waarom de vergadering überhaupt plaatsvindt of waarom er geen agenda is of waarom de meeste mensen niet voorbereid zijn of met hun hoofd ergens anders zitten? Mocht je in een van deze (of een combinatie van) situaties zitten, sta dan op en zeg: 'Jullie kunnen het vast wel zonder mij', of als je de leiding hebt: 'Laten we deze vergadering plannen als we duidelijk hebben wat we gaan bespreken (met welk doel vooral!) en wie en wat we daarbij nodig hebben', en loop weg. Wedden dat je jaloerse blikken in je rug voelt van collega's die dat hadden willen bedenken? Trouwens, dit is sowieso een goede productiviteitshack, want je creëert speelruimte in je overvolle agenda!

NIVEAU 2. HARDE CONFRONTATIE: LAAT JE HACKEN (DUBBELNUT)

Iedereen is te hacken. Echt heel naar om te zien wat een gekaapte pc of een opgelegd netwerk aan schade kan aanrichten. En terwijl de systeembeheerder druk is met licenties, firewalls en legacy-systemen overeind houden, ligt er vaak gewoon een menselijke fout aan een hack ten grondslag. In het kader van 'ik kan mezelf beter in de voet schieten dan een ander mij in mijn achterhoofd' kun je beter een hacker laten inbreken bij je bedrijf (er zijn steeds meer goede bedrijven en groepen ethische hackers te vinden).

Niet tegen iemand zeggen, natuurlijk! Je wilt zo veel mogelijk leren. Niet alleen of je de systemen op orde hebt, maar vooral hoe de mensen om je heen reageren. Laat de hacker dus even zijn gang gaan en wat onschuldige maar potentieel gevaarlijke 'schade' aanrichten.

NIVEAU 3. COMPLETE CHAOS: HACK ALLES EN IEDEREEN

Wil men de urgentie niet zien? Zit de organisatie zo vast dat alle verandertrajecten, trainingen en ingevlogen consultants alleen maar geld en tijd hebben gekost en niets hebben opgeleverd? Dan is het misschien wel tijd voor echte chaos.

Een van de kenmerken van chaos is dat de boel op meerdere fronten tegelijk dreigt te ontsporen. Belangrijk hierbij is dat men zich niet meer kan verschuilen achter procedures en/of elkaar. We willen tenslotte de echte mens kunnen zien en de cultuur die gecreëerd is blootleggen. Ik zal hier niet één voorbeeld uitwerken, maar wat ideeën geven die je kunnen inspireren om, los of in combinatie, chaos in een situatie, team of hele organisatie te injecteren. Tip: blijf experimenteren en observeren, en probeer niet alles in één keer!

- Werken zonder wifi en systeembeheerder. Wil je mensen echt in de war hebben? Ontneem hun dan wifi. Hoe gaan we hiermee om? Wie verzint er een list? En nee, wachten op systeembeheer is geen optie.
- *If you see a job, it's yours.* De vorige tip is goed te combineren met het wifiloos werken. Er is altijd werk te doen. En dat blijkt achteraf misschien wel belangrijker geweest te zijn dan wat je op de planning had.
- *Management by turning around.* Geen antwoorden en beslissingen, maar een volledige omkering van verantwoordelijkheid in daadkracht. Taakvolwassenheid zien, intentie checken, het hogere doel bewaken.
- 'Buiten' werken. Oeps, locatie is niet beschikbaar (verzin een smoes), maar het werk gaat door – bij iemand thuis, in een clubhuis of op een evenementenlocatie.

BONUSNIVEAU: THE CANNIBAL

Wil je het allemaal wat grootser aanpakken? Tijdens mijn trip naar San Francisco en Silicon Valley kwam ik in aanraking met een wel heel radicaal model: *the cannibal.* Omdat grote bedrijven met veel regels en managementlagen maar moeilijk een wendbaardere en open cultuur kunnen aannemen, heeft men het volgende bedacht. Men pakt het rebelse talent met een radicaal idee en zet een bedrijfje geheel buiten de invloedsfeer van het moederbedrijf op met maar één doel: '*Eat us!*'

Eerst oefenen?

Wil je liever eerst nog een beetje oefenen? Dan is de omgekeerde brainstorm een geweldig concept! Een hardnekkig probleem bij een brainstorm is dat men het vaak eng vindt om een idee te lanceren. Anderen hebben juist de neiging om stokpaardjes te gaan berijden en altijd met dezelfde oplossing (vermomd als een nieuw idee) te komen. Bij een omgekeerde brainstorm vraag je de deelnemers wat er moet gebeuren om de boel te laten mislukken. Het zal je verrassen hoeveel ideeën mensen daarover hebben! Geweldig om te merken dat 'we moeten de dingen zo blijven doen' en 'ze moeten niet naar onze ideeën luisteren' altijd hoog scoren. Het hele idee is natuurlijk dat na de lijst met dingen die absoluut moeten gebeuren om de zaak om zeep te helpen, er een lijst geproduceerd moet worden met wat er moet gebeuren om een positieve verandering in gang te zetten! En tja, de dingen blijven doen zoals je ze doet, is geen optie, dat hebben we net zelf opgeschreven...

Never waste a good crisis!

Het woord 'crisis' wordt in het Chinees met twee karakters geschreven. Het ene staat voor gevaar, het andere voor mogelijkheden.* Zelf georkestreerde, kunstmatig geïnjecteerde chaos kan heel nuttig zijn. Maar wat te denken van een echte crisis? Natuurlijk is een echte crisis vooral naar en kan ze echte schade toebrengen. Echter, als ze zich eenmaal aandient, kun je er maar beter gebruik van maken. Stel je voor dat je je niet alleen op alle ellende focust, maar in staat bent om ook de verborgen vruchten ervan te plukken. Niet alleen kan dit een enorm ca-

* Naar het Westen gebracht door John F. Kennedy.

deau opleveren, maar het maakt het doorstaan van een crisis ook veel minder vervelend!

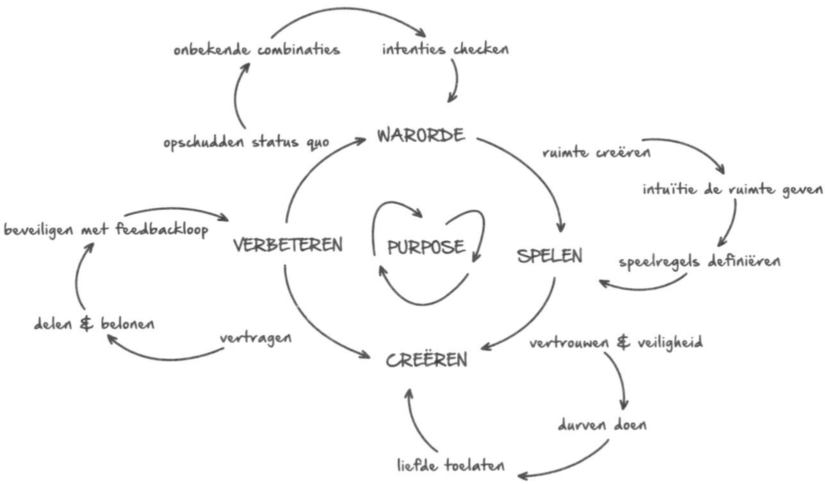

SPELEN MET DE CIRKEL

Hier geef ik een korte beschrijving die je kan helpen om stapsgewijs je creativiteit en innovatiekracht te stimuleren. Ik hoop dat je net als ik je energielevel en dat van anderen ziet stijgen, dat je enthousiaster aan het werk gaat, en dat je beter en met meer plezier de uitdagingen die het leven vol ontwikkeling biedt, aan zult kunnen.

1. Definieer het hogere doel. Wees daarin zo duidelijk mogelijk, meer woorden betekent vaak ook meer mogelijkheden tot interpretatie. Een hoger doel gaat over het verschil dat jij wilt maken in de wereld. Hoewel het lijkt alsof mensen vooral voor geld werken, blijkt dat in de praktijk vaak iets heel anders te zijn. Laat dat iets dan vooral helder zijn, dat scheelt een hoop gedoe onderweg.

2. Bepaal welke acties, gedragingen, focus, normen en waarden horen bij het hogere doel. Alles mag: van cijfers tot helder omschreven acties en van de gewenste speelruimte tot wat je nodig hebt om te spelen (intellectueel, materieel, spiritueel, individueel en collectief). Definieer dit op gezette tijden opnieuw, want het kan veranderen. Nadat de benodigde consensus hierover is bereikt, wordt vastgelegd welke acties binnen welke termijn idealiter gerealiseerd worden, hoelang de focus nodig is (geldig is) en waar men kan en mag spelen.

Nu kun je aan de gang. De eerste keer vergt dat misschien wat meer tijd en energie, maar het is de moeite waard. Niet alleen leer je elkaar beter kennen, maar je triggert jezelf en je omgeving ook tot gedrag dat nodig is om het hogere doel te bereiken. Hiermee leg je de basis voor de gedroomde cultuur. Bied ruimte maar wees vooral pragmatisch. Als het te lang duurt, is óf het hogere doel niet duidelijk genoeg óf wil je te veel ineens. Creëer *stepping stones* en focus je op de eerstvolgende steen. Hier leggen we de basis voor de speelruimte en de spelregels. Alles wat vervolgens geopperd wordt als een goed idee en 'belangrijk' is maar niet binnen de acties voor het bereiken (of dichterbij brengen) van het hogere doel past, doen we niet.

3. Creëer ruimte. Ga op bezoek bij een organisatie die je inspireert, zoek er een uit van buiten je eigen speelveld. Bezoek een 'war room' en ga veilig maar uitdagend op zoek naar scherpte. Organiseer een hackathon, een prijsvraag of een buitenwerkactiviteit. Een 'pielen met technologie'-avond kan ook erg nuttig zijn. Er zijn genoeg nerds te vinden die het tof vinden om een workshop 'most useless machine' bouwen te doen, een 'draailampje' te solderen of een persoonlijke mok, armband, logo, wat dan ook te

3D-printen. Mijn ervaring? Vooral vrouwelijke collega's vinden solderen heel leuk!

4. Train je intuïtie. Voel je lichaam en voed je geest, sport, dans, mediteer, wandel door de bergen of wat dan ook. Maar doe iets wat jou in contact met je lichaam en je onbenutte potentieel brengt.
5. Bouw aan vertrouwen. Kijk naar je eigen acties en die van de mensen om je heen. Luister naar gedrag en acties in plaats van alleen naar woorden en plannen. Toets je aannames over de mensen om je heen en probeer samen wat nieuws. Als je vertrouwen voelt toenemen, durf en kun je samen veel meer!
6. Heb lef! Zeg wat je denkt en doe wat je zegt. Lef hebben betekent ook kritisch zijn en moeilijke beslissingen durven nemen. Blijkt uit gedrag iemands intentie toch niet te stroken met het hogere doel en de acties die afgesproken zijn? Wees helder en duidelijk en neem afscheid indien nodig. Voel je zelf dat je toch niet past bij het hogere doel of de cultuur die men kweekt om verder te komen? Wegwezen! Anders word je doodongelukkig.
7. Zoek ongewone combinaties. Nieuwe uitdagingen vragen om nieuwe oplossingen. Combineer kunst met technologie, ondernemers met nerds, jong en oud, inside the box met outside the box. Ook goed om nieuwe inspiratie binnen te halen, je netwerk te verbreden en de kans op serendipiteit te vergroten.
8. Stop liefde in je werk, je taal en je relaties. Je zult zien dat mensen reageren als je een beetje liefde in het dagelijkse leven gebruikt. In eerste instantie kan het ongemakkelijk zijn, maar mijn ervaring is dat het op zijn minst een interessant gesprek oplevert en vaak een betere verbinding. Bovendien voelen mensen het als er ergens liefde in zit. En voelen gaat boven uitleggen.

9. Vertraag, rust uit, observeer en contempleer. Hoe druk je ook bent (of jezelf maakt), bouw de rust in om een holistisch beeld van de situatie te vormen. Iedereen heeft rust nodig, ook jij. Beloon jezelf en anderen met complimenten, vier successen!
10. Deel je kennis, dan wordt het vanzelf meer. Een van de effecten van het delen van kennis is dat mensen je feedback geven en geneigd zijn ook hun kennis te delen. Bovendien kunnen de mensen in je netwerk jou beter op waarde schatten en je aanbevelen in hun netwerk. Onthoud: als je kennis deelt, heb jij daarna niet minder, maar vaak meer.
11. Leg vast wat werkt, maar beveilig met bewijs in plaats van regels. Als iets goed werkt, zoek dan uit hoe dat komt in plaats van aannames te doen. Zorg voor feedbackloops die laten zien wat wel en niet werkt en laat het bewijs voor zich spreken in plaats van processen vast te zetten in regels.
12. Je hoeft niet ziek te zijn om beter te worden! Ook (of juist) als de dingen goed lopen, is het belangrijk dat je alert blijft. Jezelf of de omgeving waarin jij verantwoordelijkheid draagt ontwikkelen is nooit klaar.
13. Bevraag de nieuw bereikte status quo. Hoe moeilijk ook, blijf kritisch maar vooral nieuwsgierig. Zorg dat je positief communiceert (zie punt 8).
14. Schud de boel weer een beetje op en definieer de nieuwe stepping stones. Vermijd het doen van aannames maar prikkel door het tonen van andere perspectieven. Als dat niet voldoende is, breng dan wat verwarring naar de tafel!
15. Belangrijkste en laatste punt: neem dit lijstje vooral niet te serieus, er is geen 'one size fits all'-oplossing. Stel je

vragen erbij en maak je eigen lijstje. Misschien wil je dat wel delen (graag).

16. O ja: vergeet niet te genieten van de reis.

'Inspiration is perishable

We all have ideas. Ideas are immortal. They last forever. What doesn't last forever is inspiration. Inspiration is like fresh fruit or milk: it has an expiration date. If you want to do something, you've got to do it now. You can't put it on a shelf and wait two months to get around and do it. You can't just say you'll do it later. Later, you won't be pumped up about it anymore. If you're inspired on a Friday, swear off the weekend and dive into the project. When you're high on inspiration, you can get two weeks of work done in twenty-four hours. Inspiration is a time machine in that way. Inspiration is a magical thing, a productivity multiplier, a motivator. But it won't wait for you. Inspiration is a now thing. If it grabs you, grab it right back and put it to work.'

Uit *Rework* van Jason Fried en David Heinemeier Hansson

'Over thinking, over analyzing, separates the body from the mind.'
Tool, 'Lateralus', 2001

Epiloog:

LET IT FLOW

Is het je opgevallen dat het leven eigenlijk bestaat uit paradoxen en dat ontwikkelen betekent dat je moet kunnen omgaan met dingen die elkaar lijken uit te sluiten en tegelijkertijd beide waar kunnen zijn? Is omgaan met warorde eigenlijk niet hetzelfde als spelen met paradoxen? Zo doe ik in het boek een aantal suggesties om met warorde creativiteit aan te wakkeren en om spelenderwijs te ontwikkelen. Aan het einde geef ik zelfs een lijstje met actiepunten om in een bepaalde volgorde af te lopen. En dat terwijl ik me volledig bewust ben van het feit dat deze processen zich niet even laten regelen en er geen actielijstjes voor succes bestaan. Aan de andere kant zijn het vaak de actielijstjes, modellen of uitspraken van anderen die mij op een nieuw spoor hebben gebracht. Vandaar dat ik ze toch heb opgenomen, de lijstjes en modellen. Niet omdat ik pretendeer een vaste formule voor ontwikkelen te hebben gevonden (dát zou wat zijn in een boek dat over warorde gaat), maar omdat ze af en toe wel kunnen helpen om je chaos op orde te krijgen.

Het moeilijke van paradoxen is dat ze niet natuurlijk aanvoelen, terwijl ze dat wel kunnen zijn. Meerdere dingen lijken tegelijk waar te kunnen zijn. Vaak is dit een kwestie van perceptie, soms van definitie. In de natuur komen tegenstellingen regelmatig voor. Vuur kan verwarmen en levens redden, maar kan ook verbranden en vernietigen. Op veel plekken van de wereld zorgt een stevige brand voor een nieuwe, vruchtbare bodem en later voor een betere biodiversiteit. Te veel vuur zorgt echter voor schade aan de bescherming en tegelijk het jachtgebied van dieren en kan een ecosysteem jarenlang ontwrichten. Water lest dorst, voedt, transporteert en verkoelt. Water zonder oevers (grenzen) kan echter een enorme vernietigende kracht hebben, water gebruiken zonder de vaardigheid om het te bevaren, erin te zwemmen of het op te vangen kan de dood tot gevolg hebben. In Bijbelse verhalen is water vaak een vertegenwoorder van chaos. In de verhalen over de Ark van Noach moest het water zich bijvoorbeeld niet voor niets splijten voor Mozes zodat hij met de Israëlieten naar Egypte kon ontkomen. Ook in de moderne taal zijn nog veel sporen terug te vinden van de watermetafoor. Zo kunnen we verdrinken in het werk, overspoeld raken door emoties, kwaliteiten van mensen boven komen drijven in onverwachte situaties, maar vinden we ook vaak dat we te veel enthousiasme moeten indammen.

Het mooie van de metafoor van water voor chaos is dat het ons een beter houvast geeft voor het belang én het gevaar van chaos. Bij water denken we inmiddels al meer aan het nut dan aan de dreiging ervan. We hebben water op allerlei plekken naar onze hand gezet; Nederland geniet zelfs wereldfaam als het gaat om het organiseren van waterwerken. Nederland wordt voor een groot deel gedefinieerd aan de hand van water. Zoals de oevers de rivier definiëren, zo definieert de kustlijn een groot deel van ons land door zijn natuurlijke grenzen. Juist deze grenzen hebben ervoor gezorgd dat ons land zo'n geweldig ondernemend karakter heeft gekregen. Door het overwinnen (of eigenlijk gebruiken) van de oceanen heeft Nederland een grote rijkdom weten te vergaren en zijn handelsgeest verder kunnen ontwikkelen. De vraag is of dit was gelukt als onze voorouders zich hadden laten tegenhouden door de angst voor het water (chaos). We zetten water inmiddels in voor ons voordeel, waarbij we weten dat water zich maar tot op zekere hoogte laat bedwingen. Wie wel eens door een grote golf overspoeld is, kent de kracht van water. En de wereld is vol van voorbeelden waarin rivieren te veel een andere kant op zijn gedwongen.* Overstromingen, uitbraken, land dat verschuift... Soms overspelen we onze hand.

Net als water heeft chaos een eigen wil, net als water zijn kleine hoeveelheden beter te bedwingen dan grote plassen, net als water heb je er soms veel voor nodig als er veel moet worden verplaatst (veranderd).

Deze watermetafoor zouden we goed kunnen gebruiken om de chaos van de huidige technologische 'opwelling' te omschrijven. Ook voor technologie geldt dat diegenen die mét de machine hebben leren samenwerken vaak de mensen zijn die niet alleen overleven, maar ook voorspoed en succes kennen. Net als bij water dienen we de kracht van technologie nooit te onderschatten. Als voormalig surfer weet ik dat een grote golf heerlijk kan zijn om op te rijden en vernietigend kan zijn als je eronder bedolven wordt. Net als bij water is een gestage stroom vaak beter dan heel veel tegelijk. Net als water moet technologie soms gekeerd worden en in de juiste richting worden geleid. En net als bij water kunnen we inmiddels niet meer zonder. Net als bij water moet alles kunnen blijven stromen, bij stilstand gaan dingen dood... Zorg met warorde dat jouw orde niet te veel doodslaat. Houd chaos in bedwang door het soms een beetje toe te laten en het ten minste te herkennen voordat comfort in crisis verandert.

* 'Too Much Engineering Makes Mississippi River Floods Worse', *Wired*, 4 april 2018, http://bit.ly/warorde-toomuch.

Ben je bereid om warorde toe te laten in je leven? Je kunt natuurlijk niet anders. Warorde dient zich van tijd tot tijd aan. Probeer eens of de watermetafoor je kan helpen.
Vuistregels:

1. Speel, zodat je nieuwe stromingen kunt ontdekken.
2. Niet te veel ineens, de krachten zijn groot en je wilt niet verdrinken.
3. Breng kade(r)s aan, op die manier is de kans groter dat de boel de juiste kant op stroomt.
4. Erken dat je geen volledige controle kunt hebben, maar wel dat je vaardigheden kunt oefenen.
5. De boel moet blijven stromen, anders haal je alle energie eruit.
6. Leren zwemmen doen we voordat we in het water vallen, wacht dus niet af totdat de chaos het overneemt.

BLIJF AAN HET ROER

Een van de belangrijkste lessen die ik van Roland Kahn* heb geleerd (ik heb negen jaar voor hem gewerkt), is: als je op het laatste moment voelt dat je 180 graden moet draaien om je doel te bereiken, moet je dat doen. Ongeacht wat anderen daarvan vinden of het werk dat het meebrengt. Zo heb ik op de laatste dag voor het inleveren van het definitieve manuscript voor dit boek de titel nog veranderd.

* Roland Kahn is begonnen met een winkeltje op de Nieuwendijk in Amsterdam: Privé. Inmiddels omvat zijn imperium circa zeshonderd winkels (Cool Cat, America Today, en voorheen M&S), heeft hij een vastgoedbedrijf en is hij eigenaar van een lingeriemerk (Sapph).

'Als je de tijd na de donder vermenigvuldigt met de snelheid heb je de afstand. Dus als je de afstand deelt door de snelheid weet je precies hoe snel je geteld hebt.'

Herman Finkers, cabaretier, 1954

Bijlage

DE SNELHEID WAARMEE DE SNELHEID TOENEEMT

Onze voorouders wisten: ze konden niet voor altijd in de veilige warme grot blijven zitten. Het voedsel, de brandstof en de kleding kwamen niet vanzelf naar hen toe. Hoe anders is onze wereld nu! Thuisbezorgd, Picnic of UberEats brengt voedsel, de energiemaatschappij zorgt ervoor dat je je geen zorgen hoeft te maken over licht en verwarming en Coolblue, Amazon en Alibaba zorgen voor de rest. En daarbij is informatie overal en altijd in overvloed voorhanden.

Toch is het juist nu we bijna nergens meer heen 'hoeven' misschien belangrijker dan ooit om eropuit te trekken en het nieuwe onbekende aan te gaan. 'Niets is zeker', 'verandering is de enige constante', 'wat gister zo was, hoeft morgen niet zo te zijn' – deze clichés lijken alleen maar aan kracht te winnen.

Doordat de technologische ontwikkelingen exponentieel toenemen en de ene ontwikkeling de andere weer mogelijk maakt, raken steeds meer (vak)gebieden steeds sneller ontwricht. Valt dit volgens jou wel mee? Ik denk het niet. Als we kijken naar de ontwikkeling van de mensheid, zien we dat we er heel lang (circa tweeënhalf miljoen jaar) over hebben gedaan om van een rondstruinende soort te worden tot de moderne mens die ging samenwerken. Hoe komt dat? De meningen zijn wat verdeeld, maar veel historici zijn het erover eens dat de 'uitvinding' van taal, die zo'n zeventigduizend jaar geleden de cognitieve revolutie heeft ingeluid, daarin een belangrijke rol heeft gespeeld. Zo'n achtenvijftigduizend jaar later heeft de agrarische revolutie een volgende versnelling ingezet. Nog maar vijfhonderd jaar geleden zorgde de wetenschappelijke revolutie ervoor dat we echt op gang kwamen en die legde de basis voor de huidige curvestijging. Stel je voor: miljoenen jaren zagen het leven en de omgeving van mensen er hetzelfde uit. Nu is het leven door de komst van internet radicaal anders dan twintig jaar geleden, is de manier waarop je films, muziek en boeken consumeert volledig anders dan tien jaar geleden, en is de werkelijkheid van kunstmatige intelligentie, robotisering en synthetische biologie onvoorstelbaar veel dichterbij dan vijf jaar geleden.

De cognitieve revolutie in de historie van de mensen lijkt dus voor een groot deel de reden dat wij als relatief langzame, niet erg sterke en relatief kwetsbare soort dominant zijn geworden in een wereld vol sterke, snelle, flexibele en tegen weer en wind bestande diersoorten. Taal, en later schrift, zorgden voor verbindende verhalen, steeds betere samenwerking en daaruit voortvloeiende innovaties. De volken die de technologie ontwikkelden om die samenwerkingen uit te breiden (bijvoorbeeld met de trein en de telegraaf) en die weer te beschermen (wapens), werden binnen de soort homo sapiens op hun beurt dominant.

De versnelling in de ontwikkeling van de mensheid komt waarschijnlijk mede doordat we steeds meer en steeds complexere samenwerkingen zijn aangegaan. Dan is het niet vreemd dat in een tijd waarin netwerk en informatie 'gratis' zijn geworden en voor steeds meer mensen toegankelijk, zich een nieuwe acceleratie aandient. We hebben nog nooit toegang gehad tot zoveel informatie en de mogelijkheid om deze zo eenvoudig met zovelen te delen. Op dit moment hebben circa twee miljard mensen toegang tot internet, en de schatting is dat dit binnen onafzienbare tijd vijf miljard mensen zullen zijn. Bovendien is informatie makkelijker te combineren, te mixen en te hergebruiken dan ooit. We hebben nog nooit de beschikking gehad over zo'n enorm netwerk dat mensen, informatie en machines (IoT) aan elkaar knoopt en tegelijk de vraag-aanbodfrictie drastisch verlaagt. Nooit in de historie werden nieuwe technologieën zo snel goedkoper en overvloedig beschikbaar voor zo'n grote groep mensen.

Stel je voor, tijdens de industriële revolutie zorgde één belangrijke uitvinding (die van de stoommachine) voor talloze nieuwe manieren van produceren en vervoeren en ze ontwrichtte het leven van miljoenen. Nu lezen we dagelijks over de ene doorbraak na de andere op het gebied van kwantumcomputing, DNA-sequentie, energieopwekking, genezing van ongeneeslijk geachte ziektes, orgaanprinting, zelflerende systemen, computerbreininterfaces, zelfrijdende auto's en *smart homes*, *cities* en *industries*. Binnen een paar jaar zullen we allemaal een apparaatje in onze zak hebben dat ons de weg wijst, antwoord geeft op bijna alle vragen, ons toegang geeft tot miljoenen boeken, films, muzieknummers, kranten en wetenschappelijke artikelen, ons in verbinding stelt met miljarden anderen, me vertelt of ik genoeg bewogen heb, me herinnert aan mijn afspraak bij de tandarts en ook nog een kookwekker, zaklamp, calculator, kompas, parkeerkaart, betaalpas, fototoestel, videocamera, fotoalbum, gameconsole, afstandsbediening, weerstation en telefoon is – het is nauwelijks te bevatten.

Als we in de toekomst proberen te kijken, extrapoleren we meestal simpelweg de mogelijkheden die we dagelijks om ons heen zien. Maar we houden er weinig rekening mee dat er uitvindingen en ontdekkingen worden gedaan die mogelijkheden ontsluiten die de fantasie te boven gaan. Nu we met synthetische biologie, DNA-manipulatie, 4D-printing en het creëren van virtuele werelden de mogelijkheden hebben om materiële zaken te digitaliseren en digitale bestanden weer te materialiseren of anders visueel te manifesteren, zullen de sciencefictionschrijvers van weleer niet zulke fantasten blijken als we aannamen. Het lijkt erop dat we technologisch gezien in de verre toekomst in staat zullen zijn om atomen naar behoefte te herschikken. Probeer je eens voor te stellen wat dat teweeg kan brengen.

Toch lijkt er steeds vaker een kloof te ontstaan tussen de mensen die de veranderingen zien aankomen en de kansen pakken en degenen die er niets mee doen. En dat niet uit angst voor verandering, maar simpelweg omdat ze de technologische ontwikkelingen niet zien. Voor een deel valt dit te verklaren door het feit dat innovaties voorheen goed waarneembaar waren door materiële manifestatie: vanuit het 'niets' kwamen er steeds meer (nieuwe) dingen bij die tastbaar en zichtbaar waren: boeken, gereedschappen, machines, auto's, wegen, pompstations, boten, kanalen, havens, vliegtuigen, landingsbanen, vliegvelden, schermen, camera's. Nu zijn de meeste innovaties digitaal, biotechnologisch, algoritmisch of in de cloud. Die zijn niet direct zichtbaar maar door hun (bijna geheel) gedematerialiseerde vorm zijn ze goedkoop en razendsnel te kopiëren en te distribueren.

Kortom, technologische ontwikkelingen zullen voorlopig doorgaan, sneller dan ooit. De Vlaamse filosoof Max Wildiers ontwikkelde ooit het WTK-complex: de techniek is onstuitbaar omdat ze zichzelf voortdurend sterker maakt. De wetenschap stimuleert techniek, techniek stimuleert kapitalisme en kapitalisme financiert wetenschappelijk onderzoek. Nu leven we in een tijd van internet en digitalisering en technologie heeft niet altijd meer kapitaal nodig om te ontwikkelen. Doordat internet (toegang tot) netwerken en informatie zo goed als gratis heeft gemaakt, kunnen tal van spectaculaire uitvindingen worden gedaan door mensen zonder veel geld, toegang tot wetenschappelijke centra of zelfs een organisatie (in de traditionele zin van het woord). Binnenkort – en het is al begonnen – leven we in een tijd waarin superslimme algoritmen en de brute rekenkracht van kwantumcomputers technologie mogelijk maken die zichzelf niet alleen weet te verbeteren, maar zelfs kan reproduceren. Kunstmatige intelligentie: een cognitie-explosie!

Even een stap terug, want deze ontwikkelingen zijn niet voor iedereen goed nieuws, misschien voor jou ook niet. Is het immers niet dodelijk vermoeiend, al dat veranderen? Hoewel dit boek er grotendeels over gaat, is het vaak helemaal niet zo leuk. Als alles oké is, is dat toch prima? Toch blijft het moeilijk om in onze eigen omgeving een bedreiging van deze grootte te zien aankomen. Natuurlijk, bedrijven komen en gaan, dat was altijd al zo. Maar de gemiddelde levensduur van bedrijven is in relatief korte tijd enorm afgenomen en de verwachting is dat die afname nog wel even doorgaat. Volgens Amerikaans onderzoek van Richard Foster van Yale University was in 1958 een bedrijf gemiddeld 61 jaar aan de beurs genoteerd. In 1980 was deze levensduur gedaald tot 25 jaar en nu is de omloopsnelheid gemiddeld achttien jaar. In het eerdergenoemde boek *Creative Destruction* beschrijven Foster en Kaplan onder andere hoe de introductie van nieuwe technologie bestaande bedrijven ontwricht en zodoende de omloopsnelheid van S&P 500-bedrijven verhoogt. Er zijn zelfs onderzoekers die geloven dat binnen tien jaar de gemiddelde levensduur nog maar vijf jaar zal zijn. Grote organisaties zullen hoe dan ook steeds meer problemen krijgen om te overleven als ze zich niet als netwerk gaan gedragen. Waarom? Traditionele hiërarchische structuren zijn handig als informatie *need to know* is en langzaam gedistribueerd mag worden, vaste procedures zijn handig als je met een lage foutmarge steeds dezelfde handeling moet uitvoeren. Maar om te ontwikkelen wil je sneller kunnen veranderen. Onze drang naar optimalisatie heeft een heel nare bijwerking, het is een steeds nauwer wordende tunnel waar je in kijkt. Steeds meer regels, steeds meer procedures en in de tijd die we overhouden vergaderen we over hoe we die bestaande manier van werken nóg efficiënter kunnen maken. Stop daarmee en start het spelen!

ARGUMENTEN TEGEN TECH-NEEZEGGERS

'Maar onze banen gaan eraan!'
Angst voor het verlies van banen is natuurlijk niet gek. En dat terwijl we inmiddels gewend zijn om te tanken zonder tankbediende, te bankieren zonder bankbediende, te reizen zonder reisbureau, een paar schoenen te kopen zonder het advies van de verkoopster en zelfs Pelleboer niet meer nodig hebben om ons te vertellen wat voor weer het morgen wordt. En dat ook terwijl we steeds minder uren per week hoeven te werken, meer vrije tijd hebben en steeds minder zware lichamelijke arbeid hoeven te verrichten. Maar ook al laten we de computer steeds vaker vervelende reken-, schrijf- of planklusjes doen, we schreeuwen moord en brand als een nieuwe uitvinding iets of iemand 'weg' automatiseert. In de praktijk is deze persoon niet weg, maar hij gaat meestal iets anders (soms veel leukers) doen. Het 'iets' is wel vaak verdwenen doordat het gedigitaliseerd is. Maar het materiële gemis van de gestolde kennis – 'vroeger hadden we nog zo'n mooie encyclopedie thuis' – wordt al snel vervangen door het digitale gemak van de mobiele telefoon die verbonden met internet toegang geeft tot een

schat aan actuele informatie: 'Hoe vaak had je die encyclopedie bij je als je hem nodig had?'*

'Technologie brengt ons van onze natuur af!'

Dit argument hoor ik vaak. De waarheid is dat er weinig natuurlijks aan onze manier van leven is. Als we stilstaan bij wat we eten, hoe we communiceren, hoe we ons verplaatsen, hoe we recreëren, hoe we onze omgeving inrichten, en hoe we met de planeet en zijn inwoners omgaan, kunnen we voorzichtig constateren dat we daar al even voorbij zijn. De tijd dat wij als mensen zonder technologie konden overleven, ligt al ver achter ons. Zelfs de meest primitieve stammen in het Amazonegebied gebruiken gereedschappen als pijl en boog, blaaspijpen, primitieve hamers en potten en pannen om te kunnen (over)leven. Technologie helpt ons telkens om schijnbaar onneembare obstakels in voedsel- en energievoorziening, onderdak, transport, communicatie en gezondheidszorg te overwinnen. Het is mijn overtuiging dat technologie ons juist kan helpen te ontdekken wat onze natuur is. Als we al het werk dat we eigenlijk liever niet zouden doen niet meer hoeven te doen doordat robots en slimme algoritmen dat voor ons doen, kunnen we ontdekken wat we hier echt komen doen.

'We verliezen het menselijke contact!'

De angst voor verlies van menselijk contact is een veelgehoorde kreet met de opkomst van internet en vooral de sociale media. En hoewel ik het ermee eens ben dat de term 'sociale' media de lading niet erg lijkt te dekken, moeten we niet vergeten dat deze ontwikkeling voor velen een uitweg uit de eenzaamheid was. Tegenover iedere oudere die de ontwikkelingen niet meer kan volgen, hebben er tallozen contact met hun kleinkinderen

* Kudos voor deze grap voor Martijn Aslander.

via een iPad en volgen een deel van het leven van hun familie via Facebook of hervinden oude geliefden via Google. Voor iedere gepeste scholier zijn er velen die op internet een groep vinden waarmee ze hun passie, sores of liefde kunnen delen zonder beoordeeld te worden op hun kleding, hun puistjes, hun muzieksmaak of het gebrek daaraan.

BLIJF IN PERMANENT BETA

Wil jij en/of jouw organisatie in een staat van Permanent Beta komen? Je kunt niet anders, lijkt me. Je zult de paradoxale werkelijkheid van chaos en orde, angst en vertrouwen, versnelling en vertraging, beveiliging en flexibiliteit en als laatste technologische steriliteit en menselijke imperfecties moeten omarmen. Juist die imperfecties zorgen voor onverwachte oplossingen en nieuwe kansen. Het omarmen van imperfectie en de bereidheid om daarmee te spelen ontsluit de creativiteit die ieder mens in zich heeft. Computers, robots en algoritmen zullen (mits juist geïnstrueerd) de processen die wij bedacht hebben blijven optimaliseren. De mens zal de volgende fase van ontwikkeling (van zichzelf en/of zijn omgeving) alleen kunnen bereiken als hij zich na de juiste instructie van die technologie telkens richt op het herkennen, versterken en inzetten van zijn menselijke eigenschappen. Om de instincten achter deze eigenschappen wakker te maken of te houden dienen we onze orde regelmatig op te schudden. Warorde is een plek die je genoeg structuur biedt om te kunnen observeren en voldoende uitdaging om te blijven ontdekken. Een veilige manier om dit te doen is hier speels mee om te gaan – spelen is immers de oudste manier van leren!

LITERATUUR

Pek van Andel & Wim Brands, *Serendipiteit, de ongezochte vondst*, 2014

Martijn Aslander & Erwin Witteveen, *Easycratie*, 2010

Martijn Aslander & Erwin Witteveen, *Nooit Af*, 2015

Ori Brafman & Judah Polak, *Een goede manager zaait verwarring*, 2013

Pro Bronson & Ashley Merryman, *Goed, beter, best*, 2013

Randy Cage, *Risky is the new safe*, 2012

Deepak Chopra, *De zeven spirituele wetten van succes*, 1994

Stephen Covey, *De zeven eigenschappen voor succes in je leven*, 2014

Peter H. Diamandis & Steven Kotler, *Abundance*, 2014

Timothy Ferris, *The 4-Hour Workweek*, 2011

Jason Fried & Davis Heinemeier Hansson, *Rework*, 2010

Stephen Fry, *Mythos*, 2018

R. Foster & S. Kaplan, *Creative Destruction*, 2001

Hans Geluk & Matthijs Oude Lohuis, *Hersenen* 2015

Seth Godin, *The Dip*, 2007

David Graeber, *Bullshit Jobs*, 2018

Yuval Noah Harari, *Sapiens*, 2017

Yuval Noah Harari, *Homo Deus*, 2018

Salim Ismail & Yuri Van Geest, *Exponentiële organisaties*, 2014

Spencer Johnson & Kenneth Blanchard, *Wie heeft mijn Kaas gepikt?*, 1998

Kevin Kelly, *New Rules for the New Economy*, 1999

Kevin Kelly, *What Technology Wants*, 2011

Kevin Kelly, *The Inevitable*, 2016
Austin Kleon, *Steal Like an Artist*, 2012
Marinus Knoope, *De creatiespiraal*, 1998
Marc Lewis, *Memoires van een verslaafd brein*, 2012
Leonard Mlodinow, *Stiekeme signalen*, 2012
George Parker, *Het Grote Boek van de Creativiteit*, 2004
Jordan B. Peterson, *12 Rules for Life*, 2018
Daniel Pink, *Drive*, 2011
Michael Pollan, *How to Change Your Mind*, 2018
Jeremy Rifkin, *The Age of Acces*, 2001
Hans Rosling, Ola Rosling & Anna Rosling Ronnlund, *Factfulness*, 2018
Tim Sanders, *Love Is the Killer App*, 2003
Shane Snow, *Smartcuts*, 2016
David Servan-Schreiber, *Uw brein als medicijn*, 2017
Nassim Nicholas Taleb, *Antifragiel*, 2013
Max Tegmark, *Life 3.0*, 2017
Richard Thaler & Cass Sunstein, *Nudge*, 2008
Brian Tracy, *Eat That Frog!*, 2001
Matthew Walker, *Why We Sleep*, 2018

DANKWOORD

Hoewel ik dit boek per se alleen wilde schrijven, was ik er niet gekomen zonder de hulp van anderen; daarom een woord van dank aan de mensen die me met raad en daad hebben bijgestaan. Ingeborg Deana, voor de hulp bij de eerste stapjes. Mijn proeflezers Anneke Veenendaal-de Kort, Dorine van der Wijk, Edward Vis, Henkjan Smits, Michiel Slegt, Martijn Aslander en Rogier Thewessen, jullie hebben dit boek beter gemaakt. Kim van den Berg, voor je hulp bij het organiseren van de warordelijke boekpresentatie. Rene Warmerdam van de Speakers Academy, voor je niet-aflatende stroom aan ideeën voor de marketing van het boek. Diem Do, Rogier Thewessen, Bas van der Veldt, Martijn Lampert, Stefan Molenaar, Carel van Sorgen en Greg Orzell wil ik bedanken voor het delen van hun (ondernemende) verhalen. Alle lieve mensen bij uitgeverij Business Contact (in het bijzonder Sandra Wouters!) en natuurlijk mijn lieve vrouw Marjon voor de steun die ik iedere keer weer krijg als ik alweer een ander pad insla of een raar project begin.